青少年税收知识读本
（修订版）

州市地方税务局 ◎ 编

孙洪 ◎ 主编

SPM 南方出版传媒
全国优秀出版社 全国百佳图书出版单位 广东教育出版社
·广州·

图书在版编目（CIP）数据

青少年税收知识读本：修订版／孙洪主编；广州市地方税务局编. — 2版. —广州：广东教育出版社，2017.3（2020.12重印）
ISBN 978-7-5548-1678-3

Ⅰ.①青… Ⅱ.①孙…②广… Ⅲ.①税收管理—中国—青少年读物 Ⅳ.①F812.42-49

中国版本图书馆CIP数据核字（2017）第055742号

责任编辑：毛丽霞
责任技编：姚健燕
装帧设计：邓晓童 何 维

QINGSHAONIAN SHUISHOU ZHISHI DUBEN：XIUDINGBAN

广东教育出版社出版发行
（广州市环市东路472号12-15楼）
邮政编码：510075
网址：http://www.gjs.cn
广东新华发行集团股份有限公司经销
唐山新苑印务有限公司印刷
（唐山市玉田县亮甲店镇杨五侯庄村东102国道北侧）
787毫米×1092毫米 16开本 6.75印张 71 000字
2014年11月第1版
2017年3月第2版 2020年12月第11次印刷
ISBN 978-7-5548-1678-3
定价：18.00元

质量监督电话：020-87613102 邮箱：gjs-quality@gdpg.com.cn
购书咨询电话：020-87615809

编委会名单

主　　编：孙　洪
编　　委：潘　旭　袁浣虹　陈杰辉　叶　菁
　　　　　白春娟　高自民　杨　凯
参编人员：夏　畅　何卫红　温　婧　夏志胜
　　　　　陆晓红　罗　韵　张映珍　张　帆
　　　　　谢　云　王晓佳　林　琳　麦少玲

序言

近年来，有关税收的话题正越来越成为媒体乃至街头巷尾讨论的热点，人们比以往任何一个时期都关注和希望了解税收。据《中国税务报》报道，在记者查阅的15套2014年高考文科综合试卷中，有5套试卷包含了税收元素，涉及11个省（直辖市）。尽管这些题目都是选择题，分值不高，但是高考的"涉税"，却向莘莘学子传达了要感知税收、了解税收、关心税收的信息。

"少年强则国强"，青少年是国家的未来，民族的希望。对于青少年来说，这个阶段也是他们个人成长中的一个重要时期，在这个时期，他们学习、探索，收获知识，锻炼能力，人生观、价值观也开始渐渐成型并稳固下来。树立正确的税收意识，培养青少年的公民观念和纳税人观念在这一阶段也就非常重要。

作为税务工作者，我们有责任、有义务宣传和普及税收知识，在引导青少年了解税收知识的各种实践中，我们萌生了编写《青少年税收知识读本》的想法，并付诸了行动。在编写过程中，我们尽可能结合青少年学习特点，力求集知识性和趣味性于一体，通过税收小故事和知识介绍相结合的描述方式，希望青少年朋友通过阅读该读本，能激发学习探索税收知识的兴趣。《青少年税收知识读本》由浅入深，从税收的历史说起，介绍税收的作用、税法的来由，普及宣传具体的税种知识，纳税人的权利义务，介绍与生活密切相关的完税凭证与发票的作用，从青少年的视角讨论税收与青少年的关系。

　　读本出版后，由于内容贴近青少年的学习、生活环境，在鼓励青少年学生学习、了解和宣传税法，帮助青少年认识税收、了解税收等方面发挥了较好的作用，所以成功入选《2016年全国中小学图书馆（室）推荐书目》。为了更加及时、准确地向广大青少年宣传和普及税收知识，根据近年税制改革情况，我们对相关内容进行了一些改动和调整。此次修订，还在书中新增了二维码，进行延展性的知识介绍，通过扫描，可以即时浏览相关网页，欣赏小动画，从而带给青少年朋友更新颖、更精彩的阅读体验。

　　囿于水平，书中难免还存在不足之处，敬请读者批评指正。希望在不久的将来，税收知识更多地走进校园，使更多的青少年在成长中获益！

编　者
2017年3月13日

目 录

第一讲　走近税收　1
　　税收的历史　1
　　为什么要征税——税收的作用　9
　　税法是怎么来的　14

第二讲　认识一下"税收"大家庭的成员　18
　　"货物和劳务税"家庭　18
　　"所得税"家庭　29
　　"财产税"家庭　35
　　税收大家庭的小兄弟——其他税收　43

第三讲　"税"的旅行——从纳税人钱袋到国家财政　48
　　谁是纳税人　48
　　负责征税的部门　50
　　纳税服务　52
　　纳税人怎样缴税　56
　　纳税人的权利　60
　　纳税人的主要义务　64

第四讲　税收之旅的纪念品——发票和完税凭证　71
　　发票的作用　71
　　完税凭证的作用　79

第五讲　税收"少年"说　83
　　少年"解"税　83
　　税入生活　85
　　税与少年　87

附录　税收趣闻——形形色色的税　90
　　税收之最　90
　　千奇百怪的税　93
　　税收故事三则　96

后记　100

第一讲　走近税收

税收的历史

税收小故事

从"古牧断尾"的传说说起

禾禾和兑兑两个好朋友经过一家宠物店，被一只体形强壮的狗吸引住了。禾禾拉着兑兑说："兑兑，你看你看，这条狗多奇怪呀！长得那么大，却没有尾巴呢！"兑兑仔细看了看："咦？没有尾巴……难道……难道就是传说中被割掉了尾巴的古牧？"兑兑激动起来。"怎么可能是古墓呢！它明明是条像羊的狗呢。"兑兑笑了："我讲的是英国古代牧羊犬，简称'古牧'，它是英国最古老的牧羊犬种之一。"

禾禾瞪大了眼睛："尾巴好好的，为什么要割掉呀？"兑兑想了一下说："传说在18世纪初的英国西部，农夫们为方便放牧家畜，饲养了一种'牧羊犬'专门从事放牧工作，作为看守者，它们负责保卫农场的安全，同时也帮助

英国古代牧羊犬

农夫将牛羊运到集市里交易，这就是古牧犬的祖先啦！当时政府为增加财政收入，下令对很多事物征税，其中就包括对看守羊群进城的牧羊犬征收'狗头税'，这对农夫们来说，可算是一笔不小的负担。怎么办呢？农夫们想出一个办法，就是把牧羊犬的长尾巴剪到像羊儿们的尾巴那么短。因为古牧犬全身只有灰白两色的长毛，现在尾巴也短短的，混在羊群之中，很难分辨出来，这样农夫们就可以不缴'狗头税'啦。后来，在饲养过程中，给古牧犬断尾就成为一种习惯，所以我们今天看到的'古牧'大都没有尾巴了。"

禾禾听完，佩服地说："哦，原来是这样，又学到新知识啦，兑兑你可真厉害，这都知道。"后又灵光一闪，调皮地笑了："你看咱俩一拉手不就是'税'吗，这'古牧断尾'说来还跟咱俩有点关系呢！呵呵！"

大禹治水与税收的传说

传说四千年前的华夏大地，洪水泛滥，黎民百姓常常无家可归，困苦不堪。于是，部落联盟首领尧帝让住在崇地的部落首领伯鲧（gǔn）专门去治理洪水。伯鲧用"堵"的办法治洪水。

但治洪水光用堵是不行的，堵了这里，洪水就从那里冲来，堵了那里，这里又漏了。九年过去了，伯鲧也去世了，洪水还是泛滥成灾，后来舜帝就让伯鲧的儿子大禹接着想办法治洪水。

大禹采用"疏""堵"相结合的办法，带领大

家加固堤坝，开渠排水，疏通江河，兴修水利，取得了明显的治水效果。

不过，修堤坝，开水渠，通河道……都需要大量的人力和物资，这些从哪里来呢？大禹和大家一起商量，想出了解决的办法：先算算治水工程需要的人力、粮食和物资种类、数量，然后分配任务给各部落，由各部落派人参加治水工程并按时供应粮食和物资。而且，治水工程推进到哪里，就根据当地的山川河流、土地肥沃程度、出产的作物情况，让那里提供一定数量的粮食和物资。治水工程的人力和粮食、物资供应都有了保障，加上大禹治水的方法正确，因此，经过艰苦的努力，治水终于成功。同时，向各部落强行摊派征收粮食和物资的做法也保留了下来。

大禹治水

后来，禹在舜之后成为新的部落联盟首领。他开始推行"任土作贡"，即根据每个地域的土地、物产的具体情况，确定纳贡的种类和数量。土地越肥沃，收成就越好，纳贡就多些；物产越丰富，纳贡的种类也多一些；而路程远，容易腐烂的就不必纳贡……

"任土作贡"是中国历史上有关税赋制度最早的文字记录，可以说是中国税收文化的源头！没想到吧，大禹不仅会治水，治税也有一套呢！

（一）中国税收历史

《说文解字》讲"税"字是从禾，兑声。古人造字，颇有寓意，"禾"指五谷，泛指农作物，"兑"指交换，禾、兑两字结合，意指用谷物交换租赋。古代的税收开始是以缴纳粮食等农产品为主的。

我国税收的历史悠久，源远流长。如果从尧、舜、禹时期算起，我国的税收已经存在四千多年了，是世界上最早建立赋税制度的国家之一。在远古的舜帝时期，统治部落会要求那些被保护的部落进贡财物和土地出产物。后来的大禹，将这种行为演变成通过公共权力来进行征收，历史上称为"贡"或"禹贡"，这就是我国税收的雏形。商代的税法叫作"助法"，具体说来，就是实行"井田制"，即把约630亩土地分为每块约70亩的方田，共九块，像个"井"字，这些地交给自由民耕种。井田的四周八块是自由民私有的耕地，收获归私有，中间那块是公田，收获全部归统治者所有。但公田是借助周围八家之力耕种，这八家以力役的形

式缴纳租赋。这种劳役田租不仅使收获更有保证，也更便于征纳，还推动税收制度向前迈进了一步。到了周朝，农民对私田耕作全力以赴，对公田耕作不力的问题越来越严重，助法就顺应潮流，改成了彻法。耕种时，一"井"农民"通力而作"，收获时将公田、私田总产量按照公田、私田数量的比例进行分配。这样就使得公田、私田都能以同等的劳动耕种。从此，劳役田租有了实物田租的内容。夏、商、周三代的贡法、助法、彻法形成了我国税收制度的原始形态。

井田制

随着经济发展，春秋战国时期，铁质农具的使用越来越广，田野耕作和开辟新耕地都更为方便，生产力大大提高。农工商开始各有分业，再加上这一时期群雄角逐，战争频繁，助法、彻法的收入已经满足不了国家需要，井田制便渐渐瓦解了。公元前594年，鲁国为了增加收入，规定不论公田、私田，一律按田亩收税，这就是著名的"初税亩"，标志着"税"正式产生。在经历了"初税亩"后，财税制度继续不断改革、衍生、发展，比较有名的如统一六国前的秦国

实施的"商鞅变法",就包含了许多与赋税有关的措施,如废除井田制,承认土地私有和自由买卖;国家对土地征税,按土地多少征赋税,按人口抽人头税等。秦始皇统

商鞅变法

一六国后,税赋分为田租、口赋、力役三种。但由于税赋定得过重,民不聊生,秦很快灭亡了。取而代之的汉朝在较长时期内实行"轻徭薄赋",与民休养生息,为汉朝立国425年之久打下了牢固基础。田租、口赋、力役这三种税赋形式实行了四百多年,直到曹操将之取消,建立适合战时需要的定额税制——租调制,使田租和户调成为最大的赋税。曹操将原按比例征收的田租固定为按亩征收,取消按人头按年龄段征收的口赋,改为按户征收固定的附加税,称为户调。这项改革不仅使赋税征收手续大大简化,而且在一定程度上减轻了农民负担,公平了税负。北魏孝文帝推行的"均田制",隋唐时期的"租庸调制",唐朝杨炎采取的"两税法",北宋王安石主张的"方田均税法",明朝张居正提出的"一条鞭法"以及清朝初年实施的"摊丁入亩法"等,都是顺应当时经济社会发展变化的税收制度变革,在当时都起到了缓解

社会矛盾、保证国家财政收入的作用。在历史的一次次变革中，资产税逐渐取代人丁税，货币税逐渐取代实物税。总的来说，纵观从夏、商、周到清代的赋税制度及其演变，我们可以清晰地看到中国的赋税制度在不断进步。

到了近代，辛亥革命推翻了封建帝制，民国时期开始创建近代工商税收体系并建立起了统一的税收体系。1949年，首届全国税务会议在北京召开。1950年，中央人民政府政务院公布《关于统一全国税政的决定》。同年，新中国建立了现代税收制度。之后，我国税收制度不断完善。现行的税制体系包含18个税种。按照税收收入的归属可以分为三个

大类：中央税、地方税、中央与地方共享税。其中，收入归属于中央政府的税种，包括关税、消费税、车辆购置税、船舶吨税。收入归属于地方政府的税种，包括房产税、城镇土地使用税、耕地占用税、契税、土地增值税、车船税、烟叶税。中央政府与地方政府按照一定比例分配收入的税种，包括增值税、营业税、企业所得税、个人所得税、资源税、印花税、城市维护建设税。

（二）西方税收历史

西方国家税收制度的发展，一般来说分为四个阶段：第一阶段为自由纳贡时期。在氏族社会末期和奴隶制社会初期，国家的赋税主要来自诸侯、藩属自由贡献的物品和劳动。第二阶段为税收承诺时期。封建社会初期，随着国家的发展，君权的扩大，以及公共费用和王室费用的急剧增加，单靠人民的自由纳贡难以满足需要，特别是一些临时性的财政急需，往往需要开征新税。但开征新税需要得到由封建贵族、教士及上层市民组成的民会组织的承诺。第三阶段为专制课税时期（课税就是征税）。到了中世纪，由于君权极度扩张，政府军费膨胀，国王实行专断课税。但贵族、僧侣阶层享有豁免税收的特权。第四阶段为立宪课税时期。近代资产阶级国家，凡开征新税、废除旧税，或制定、修改税法，都须以不违宪为原则，并经民选的议会审议通过。

经历了几千年文明的变迁，中西方税收制度已发展到一个新的阶段，即"取之于民、用之于民"。如果给税收下定义的话，可以说税收是国家为实现公共职能，依照法律规定无偿取得财政收入的基本形式。

为什么要征税——税收的作用

税收是国家存在的物质基础，是财政收入的主要来源，对推动经济社会发展、满足社会公共资源需求、维护国家机器正常运作等有着举足轻重的作用。可以说有国家财政支出的地方就有税收的身影。在我们国家，税收主要用于国防、外交、教育、医疗、治安、社会管理等，可以说是取之于民、用之于民。

（一）税收与国防建设

税收与国防建设有着直接的关系。为提高国防能力而进行的各方面建设都需要税收作为财力保障，如武装力量建设，边防、海防、空防、人防及战场建设，国防科技与国防工业建设，国防法规与体制建设，国防教育，以及与国防相关的交通运输、邮电、能源、水利、气象、航天等方面的建设。"嫦娥三号"让中国成为世界第三个实现地外天体软着陆的国家；"蛟龙号"让中国成为世界上五个拥有6000米以上深度载人潜水器的国家之一。2016年，我国先后成功发

"嫦娥三号"　　　　　　　　"蛟龙号"

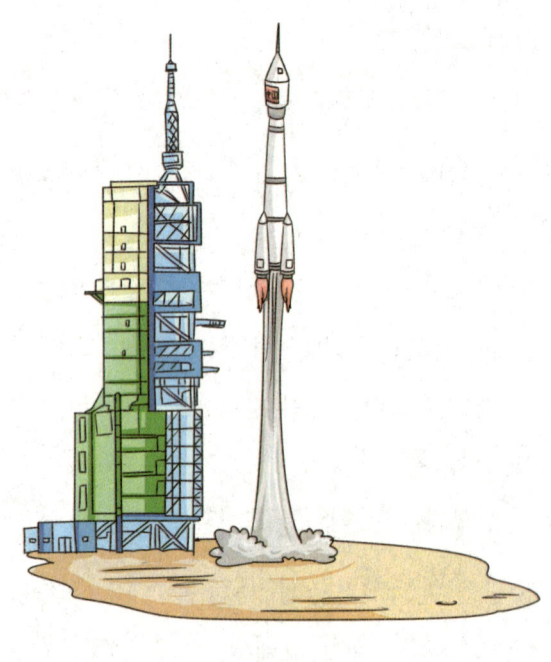

射"天宫二号"空间试验站和"神舟十一号"载人航天飞船，按照规划，我国真正意义上的载人空间站将在2022年前后建成。这些为我国创造奇迹的科研成果都离不开税收的支持。税收通过财政投入形式，促进经济发展，提高国家科技水平，进而发挥科技强军、科技兴国的作用。

"神舟十一号"发射

（二）税收与政府运转

税收就像一双勤劳的手，默默地推动着国家的正常运转。在日常生活中，我们所熟知的一些紧急求助电话："110"报警求助、"119"火警求助、"120"医疗救护求助、"122"交通事故求助等的正常运作都需要税收的支撑。在一些大灾大难面前，税收更能发挥重要作用。2008年的"5·12"汶川大地震令整个世界都为之心悸，在抗灾救灾、防灾减灾工作中，我们国家依靠税收提供的充足财力保障，向灾区拨付财政资金80亿元，确保了政府对汶川大地震的及时救援，让灾区人民能走出困境，重建家园。税收还是

调控经济运行的重要手段，如国家在面对小型、微型企业经营压力大、经营成本上升、融资困难等问题时，出台了一系列财税金融扶持政策，通过财政扶持帮助小型、微型企业渡过难关。对国家鼓励支持发展的高新科技、环保节能、文化创新等产业也有相关的税收优惠政策。

（三）税收与国家基础建设

汽车在宽阔的道路上奔驰，高铁拉近了城市间的距离，寒暑假期间，同学们外出旅游可以根据城市间的距离及实际情况选择飞机、火车、汽车、轮船等交通工具。大家可知道，铁路和高速公路建设离不开财政投入，也就是离不开税收。近些年，我国现代化进程进一步加快，三峡工程、西气东输、西电东送、南水北调、青藏铁路、高速铁路等一大

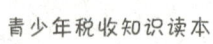

批重大工程建设成功。这些由国家出资的"巨无霸"工程，可都是税收在背后默默支持呢！

青藏铁路

三峡工程

（四）税收与民生改善

一名小学生在税收征文比赛中写道："我的家乡发生了巨大的变化，农村学生不但免收义务教育的学杂费，而且对考入国家重点师范院校的学生也免收学费，家家户户的孩子

们正享受着国家免费义务教育政策带来的好处，个个兴高采烈地背起书包入校读书，昔日破旧的校舍如今也被新建的五层现代化教学楼所取代。"2005年，国家首先对中西部地区农村义务教育阶段学生免除学杂费，对家庭经济困难的适龄儿童、少年免费提供教科书并补助寄宿生生活费。2006年，这项政策又在全国范围的农村和部分试点城市全面展开。2008年秋季学期开始，我国实现了城乡义务教育全部免除学杂费。为保证家庭经济困难的大学生顺利完成学业，国家采取了发放高等教育阶段奖学金和提供国家助学贷款等助学措施，这些资金来源也主要是税收。

近些年，随着我国税收收入的增长、国家财力的提升，我国初步建立起系统的社会保障体系，如养老、医疗、失业、工伤、生育等保险制度基本建立并逐步完善，最低生活保障制度全面实施；医药卫生事业发展也取得了显著成效，重大传染病患者实行免费药物治疗，对儿童普遍实行免疫规划，免费疫苗接种所预防的传染病已达到15种，妇幼保健也得到加强，逐步实现了"学有所教、劳有所得、病有所医、老有所养、住有所居"的社会保障目标。

您的点滴纳税　祖国的欣欣向荣

税法是怎么来的

同学们一定会问，国家是依据什么来征税的呢？我们国家是法治国家，征税的主要依据就是税法。税法是国家法律的重要组成部分。如谁是纳税人，谁来代表国家征税，纳税人如何缴税，缴多少税，征纳双方有哪些权利和义务，这些问题都必须通过税法予以明确。

（一）税法的由来

真正反映民意的"税法"，要从近代以前的英国说起，当时国王的权力很大，对国家事务有很大的决定权。但当英王约翰在13世纪初即位之后，一连串的事件，如征战失败、增加赋税等，令英格兰的封建贵族联合起来反抗他，要求限制绝对的王权。1215年6月10日，英格兰的封建贵族在伦敦聚集，挟持了英格兰国王约翰。国王约翰被迫签署了《大宪章》。

英王约翰签署《大宪章》

《大宪章》规定："一切盾金或援助金，如不基于朕之王国的一般评议会的决定，则在朕之王国内不允许课税。"确立了无议会无税收的原则。此后，1628年的《权利请愿书》确立了税收法定原则。1689年英国国会制定的《权利法案》明确规定国王不经国会同意而随意征税为非法。

税收法定原则，通俗来讲就是"未经立法，不得征税"的原则，目前世界上绝大多数国家都认可税收法定原则，即"有税必有法，无法不成税"，法治成为税收的灵魂。

（二）我国的税收立法主体和立法程序

在我国，按照宪法和立法法的规定，税收立法权属于全国人民代表大会及其常务委员会。立法法第八条明确规定：税种的设立、税率的确定和税收征收管理等税收基本制度只能制定法律。也就是说政府收什么税，向谁收，收多少，怎么收等问题，都要由全国人民代表大会或全国人民代表大会常务委员会立法规定。国务院可以根据全国人民代表大会及其常务委员会授权决定的目的、事项、范围、期限以及应当遵循的原则等制定税收行政法规。国务院财税主管机关可以根据法律和国务院的行政法规、决定、命令，在本部门权限范围内制定税收部门规章和税收规范性文件。省、自治区、直辖市的人民代表大会及其常务委员会在不与宪法、法律、行政法规相抵触的前提下，可以制定税收地方性法规、税收单行条例。省、自治区、直辖市和设区的市、自治州的人民政府，可以根据法律、行政法规和本省、自治区、直辖市的地方性法规，制定税收地方政府规章。

我国税法是如何制定出来的呢？税法的制定，简单来说，是将需要规范的税收事项草拟成法律提案，经过提议、审议、表决、通过等程序，历经数次讨论，取得比较一致的意见后，把最终的修改结果公布出来，税法就形成了。

以全国人民代表大会及其常务委员会制定的法律来说，具体的立法程序有以下四个步骤。

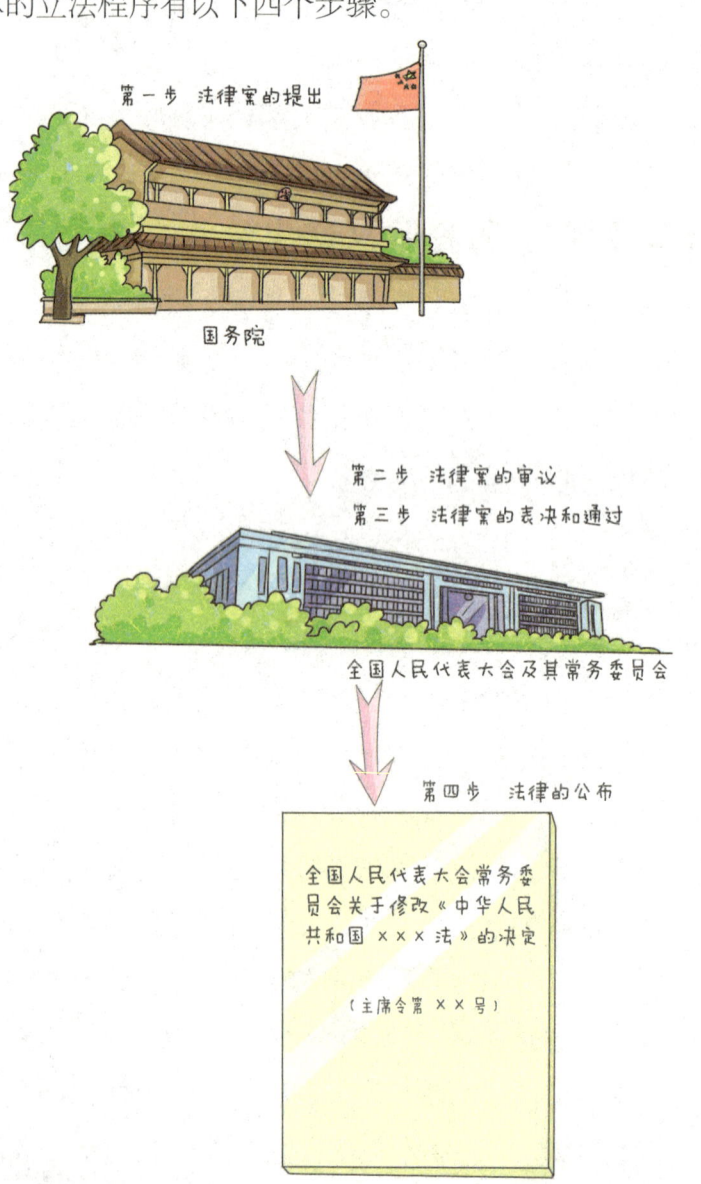

第一步 法律案的提出

国务院

第二步 法律案的审议

第三步 法律案的表决和通过

全国人民代表大会及其常务委员会

第四步 法律的公布

全国人民代表大会常务委员会关于修改《中华人民共和国×××法》的决定

（主席令第××号）

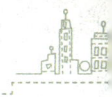

那么，谁可以提出法律案？谁来审议呢？

全国人民代表大会常务委员会、国务院、中央军事委员会、最高人民法院、最高人民检察院、全国人民代表大会各专门委员会，一个代表团或者三十名以上的代表联名，可以提出法律案 → 全国人民代表大会主席团提出法律案或者决定法律案是否列入全国人民代表大会会议议程。闭会期间，常务委员会审议后提请全国人民代表大会审议 → 全国人民代表大会审议

国务院、中央军事委员会、最高人民法院、最高人民检察院、全国人民代表大会各专门委员会、常务委员会组成人员十人以上联名可以提出法律案 → 委员长会议可以提出法律案或者决定法律案是否列入常务委员会会议议程 → 常务委员会审议

第二讲　认识一下"税收"大家庭的成员

我们国家目前共有18个税种，不同的税种有不同的征税对象，按照税种的性质可以划分为四大类：货物和劳务税类、所得税类、财产税类和其他税类。我们可以把它们当成四个税收家庭，这些税收家庭的成员就在我们的身边，让我们去认识一下它们吧。

"货物和劳务税"家庭

大家一看名字就明白了，这个家庭的成员应该是对实现销售的货物和劳务进行征税的税种了，它们的计税依据是在生产、流通和服务领域中，纳税人的销售收入（数量）、营业收入和进出口货物的价格（数量）。它们都有谁？增值税、消费税、营业税、车辆购置税，还有关税。

税收小故事

志豪家的新车

放学了！志豪开心地往校门口走去。"志豪，这里！"爸爸的嗓门可真大，志豪赶紧跑过去。"爸爸，昨天说的惊喜呢？""走！"爸爸拉着志

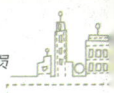

豪来到停车场，并径直向一辆崭新的红色小汽车走过去，还回过头冲志豪笑。"哇！"志豪一下子明白了，"爸爸！我们家买新车了？！好漂亮啊！"

"爸爸，这车多少钱啊？"志豪边抚摸新车边问。"这是进口车，25万多。"爸爸回答。志豪想了一下，又问："爸爸，我听老师说我们买东西都包含了税款，这辆车缴了多少税啊？"爸爸一愣："哟，这个你可考倒我了，你还是去问你的阿姨吧，她是税务局的，肯定能回答你。"

一回到家，志豪就给阿姨打电话："阿姨，爸爸买了新车，是进口车，25万多，您给说说，买这辆车都缴些什么税啊？""是吗？坐新车啦？恭喜你啊！至于缴了些什么税，我想想，有关税、消费税、增值税，嘿，还真不少呢。"阿姨笑着说。

阿姨，这些税咋算啊？说详细点儿呗！

假如你的车是15万元进口的，运到海关时先要缴关税，小汽车关税税率是25%，那么关税是3.75万元；小汽车要征收消费税，这辆车排量是1.6升，税率是3%，按照消费税的计算公式，嗯，我算算啊：
(15万元+3.75万元)×3%/(1-3%)，消费税是0.99万元。

还有增值税，税率是17%，15万元+关税3.75万元+消费税0.99万元=19.74万元，乘以17%，增值税四舍五入就是3.36万元。车辆购置税税率是10%，不加增值税，19.74万元×10%会算吧？

老爸，您给税收做的贡献可大啦！

19

"还有吗，阿姨？""哈哈，最后一个，你爸买了车后，还要缴车辆购置税，税率是10％。"阿姨说得很仔细，志豪听得很认真，还拿笔写写算算呢。"哎呀，阿姨，可了不得，这辆25万多的车，税真不少啊！"志豪大叫起来。"是啊，你爸爸可给税收做了贡献啦！"阿姨在电话那头也哈哈大笑起来。

快乐的旅行

暑假到了，爸爸妈妈带小欣和爷爷奶奶去北京旅游。快乐的时间过得真快，看升旗，游故宫，爬长城，看老胡同儿，全家人玩得很开心。从长城回来，小欣一家去了烤鸭店，烤好的鸭子被师傅连皮带肉"片"成薄片，整齐地放在洁白的碟子上，卷在薄饼里，蘸上些甜面酱，一口咬下去，味道真不错。

不过，结账的时候，小欣发现五个人竟然吃了九百多元。再看看店里火爆的场面，小欣吐了吐舌头，做个夸张的表情："可不得了，这家烤鸭店一天得收多少钱啊！"爸爸笑了："生意好自然收的钱就多啊。""收的钱多缴的税也就多了，这是好事啊。"妈妈接着说。"是吗？那妈妈您说说都要缴什么税啊？""这个，我知道的可不多。不过，我可以确定这家店要缴营业税。不但是这家店，凡是酒店、饭店，提供住宿、饮食这些服务，都要缴营业税的。""是吗？"爷爷奶奶也来了兴趣，"跟我们说说，这个税是怎么算的？""倒是挺简单的，就是拿营业额乘以税率，饮食行业的税率是5%。这么说吧，如果烤鸭店今天收到大家吃饭结账的钱有10万元，那么营业额10万元乘以5%就是5000元啦。"

"哈哈，你说的这个已经过时啦！"爸爸得意地笑了，"现在已经营改增啦，原来的营业税停征，改征增值税了，你还不知道吧？""真的啊？那你来给我们说说吧！"妈妈挺感兴趣地问。"呃，这个嘛……"爸爸像是一下子被难住了，"我也说不太清啊，我只知道应该缴的增值税是要用销项税减去进项税，似乎计算起来比营业税要复杂一点呢。""听起来就很奇怪啊，什么叫销项税，什么又叫进项税嘛？"小欣嘀咕了几句。

"也不是很复杂。"一位正经过的阿姨插话说。阿姨看起来很干练，她笑眯眯地介绍说自己是这家店的财务人员，又耐心地跟小欣介绍起来："简单地说，增值税就是货物增值部分要缴的税。比如，购进货物支付100元，卖出该货物收回120元，就只要对20元这部分缴纳增值税。销售货物开出去的发票缴的税叫销项税，购买货物回来，别人开给你发票缴的税是进项税，可以与销项税进行抵扣。销项税减去进项税就是应缴的增值税了。""原来是这样啊，我好像明白了。谢谢阿姨！"小欣很高兴，又问："那缴增值税跟缴营业税有什么不同呢？""这个问题问得好啊！"阿姨笑起来，"给你举个例子吧，以月收入为100万元的一家餐厅为例，该餐厅同期原材料、能源、房租等可进行抵扣的成本费用支出40万元，取得增值税专

用发票上的进项税额为4万元。营改增之前，按照营业税的计算方法是100万元乘以5%的税率，餐厅应缴营业税税额为5万元；营改增之后，餐饮业的增值税税率是6%，因为取得的收入是含税收入，按照增值税的计算方法，销项税是$\dfrac{100万元}{1+6\%}\times 6\% \approx 5.66万元$，进项税额4万元需扣除，这家餐厅当期应缴增值税为1.66万元；前后对比，这家餐厅的缴纳税额减少了3.34万元。""哇！这么好啊！"小欣不由得赞叹了一声。"你可真有耐心，讲得可清楚了，真是谢谢你啦！"爸爸跟阿姨道谢，小欣也冲阿姨甜甜地笑。阿姨也笑了："难得孩子这么关心税收这个话题呢，所以我就好为人师了一把。哎呀，一不留神说了老半天，我还有事呢！再见啦！"说完，阿姨就匆匆离开了。

"真是想不到,税收还有这么大学问呢!吃顿饭学了不少知识啊!"小欣意犹未尽地感慨道。"咱们这个吃烤鸭之旅都成了问税之旅啦!"爸爸也感慨了一把。大家都笑起来。"哈哈,爸爸,要知道我们这个快乐的旅行也为国家税收做贡献啦!"小欣也开心地笑了。

(一)增值税

增值税是对销售货物或提供加工、修理修配劳务过程中增加的价值和进口货物增加的价值征收的,是目前各国普遍征收的一个税种。主要涉及的是工业企业和商业企业。增值税由国家税务局负责征收管理(进口环节的增值税由海关代为征收管理),增值税是中央政府财政收入最主要的来源,也是地方政府税收收入的主要来源之一。

增值税纳税人被分为一般纳税人和小规模纳税人。一般纳税人可以取得和开具增值税专用发票,实行税款抵扣制,上一个购进环节负担的税款可以在下一个销售环节缴纳的税款中得到扣除。一般纳税人设有三档税率:基本税率17%,低税率11%和零税率。小规模纳税人缴纳增值税实行简易办法,按照销售额和规定的征收率计算应纳税额,工业企业按6%,商业企业按4%征收。

一图了解增值税的前世今生

自2012年起开始实施营业税改征增值税试点后，新增了11%和6%两档低税率。营业税改征增值税试点地区小规模纳税人提供应税服务，增值税征收率为3%。

2017年7月1日起，简并增值税税率有关政策正式实施，取消13%的增值税税率，原销售或者进口货物适用13%税率的全部降为11%。

交通运输业等适用11%低税率。

（二）消费税

我国现行的消费税是1994年新设置的一种税，是在对货物普遍征收增值税的基础上，选择部分消费品再征收的一个税种。目前消费税收入主要来自酒、烟、成品油和小汽车等消费品制造行业的国有企业、股份制企业和外商投资企业等。消费税涉及14个税目，这些对象大多是非生活必需品或奢侈品，如高档化妆品、贵重首饰及珠宝玉石、高尔夫球及球具、高档手表、游艇；还有对人们的健康和生态环境有害的产品，如烟、酒、鞭炮、焰火；也有高能耗及高档消费品，如摩托车、小汽车；还有不可再生或不可替代的石油资源类消费品，如汽油、柴油等成品油；森林资源类消费品，如木制一次性筷子、实木地板等。因此，征收消费税不仅有重要的财政意义，还是一种有效的调控手段。例如，为了引导合理消费，促进节能减排，从2016年12月1日起，在"小汽车"税目下增设了"超豪华小汽车"子税目。对零售价格130万元（不含增值税）及以上的乘用车和中轻型商用客车，在生产（进口）环节按现行税率征收消费税基础上，在零售环节加征消费税，税率为10%。

（三）营业税

营业税是对在我国境内提供应税劳务、转让无形资产和销售不动产的单位和个人所取得的营业额征收的一种税。

自2012年起，经国务院批准，财政部、国家税务总局开始在上海市实施营业税改征增值税试点。在此基础上，2016年5月1日起，全国范围内全面推开了营业税改征增值税试点，建筑业、房地产业、金融业、生活服务业等全部营业税纳税人，均纳入试点范围，由缴纳营业税改为缴纳增值税。纳税人提供交通运输、邮政、基础电信、建筑、不动产租赁服务，销售不动产，转让土地使用权，税率为11%。纳税人提供有形动产租赁服务，税率为17%。境内单位和个人发生的跨境应税行为，税率为零。纳税人发生原营业税应税行为

营改增试点增值税税率分几档

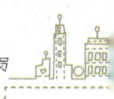

除以上规定外，税率为6%。小规模纳税人除财政部和国家税务总局另有规定的外，增值税征收率为3%。

（四）车辆购置税

车辆购置税是自2001年1月开始对在我国境内购置规定车辆的单位和个人征收的一种税。车辆购置税由国家税务局负责征收管理，所得收入归中央政府所有，专门用于交通事业建设。车辆购置税的征收范围是境内购置的汽车、摩托车、电车、挂车和农用运输车。这里的车辆购置，包括购买、进口、自产、受赠、获奖和以其他方式（如拍卖、抵债、罚没等）取得并自用应税车辆的行为。车辆购置税以规定的应税车辆的计税价格为计税依据，按照10%的税率计算应纳税额。值得注意的是，车辆购置税实行一次征收制度，购置已征收过该税的车辆，就不需要再缴纳了。

2014年9月1日至2017年12月31日购置的新能源汽车免征车辆购置税。

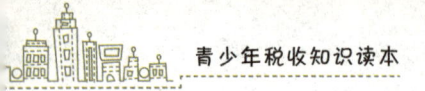

（五）关税

关税是对进出国境或者关境的货物、物品征收的，是目前各国普遍征收的一个税种。关税由海关负责征收管理，所得收入归中央政府，是中央政府财政收入的主要来源之一。我国关税以进口货物的收货人、出口货物的发货人、进境物品的所有人为纳税人，征收对象是由海关税则列举的、应当征税的进出口的各种货物和物品。货物是指贸易性进出口商品；物品是指非贸易性商品，如旅客携带的、个人邮递的以及用其他方式进口的个人自用物品。我国关税也分进口关税和出口关税。我国对出口商品大多实行出口免税制度，只对国家限制和调控的出口商品征税。因此，进口关税是关税的主体。

"所得税"家庭

"所得税"家庭，顾名思义，就是以企业与个人的所得和收益为征税对象的税种组成的家庭，这个家庭成员不多，但对税收收入的贡献可不小。所得税有一个特点，就是对所得多的多征税，所得少的少征税，所以所得税有缩小社会贫富差距、促进社会公平的作用！"所得税"家庭包括个人所得税、企业所得税和土地增值税。怎么样？是不是觉得有个成员特别面熟呢？那就是"个人所得税"，因为它和工资收入息息相关呢。

税收小故事

芷彤和妈妈的对话

芷彤从学校回来，在住宅小区门口碰到了刚下班的妈妈，妈妈手里拿着一封信，信封上面有个红色的标志，中间一个"税"字，两边各两条弧形的线条，像道路，像飘带。爱好设计的她对这

个标志很感兴趣，就问："妈妈，这是什么标志？好独特啊。"妈妈笑着说："这个是税徽，是国家税务的标志。信封里面装的是妈妈上个年度的'个人所得税完税证明'。"

"完税证明是什么呀？"

"它是个人或企业向国家缴纳税款的一种凭证，也可以说是个证明。"

"哦，我知道了，说明妈妈您缴了'个人所得税'。"

"嗯，准确来说，是个人取得税法规定范围的收入就应当向国家缴纳个人所得税，比如妈妈取得的工资薪金收入、爸爸取得的稿酬收入，还有上次咱们在商场有奖销售活动抽中的3000元奖金，这些都要缴个人所得税。"

"那企业赚了钱是不是也要缴税给国家呀？"

"对啊，那叫'企业所得税'，是指企业经过生产经营取得了利润收入而向国家缴纳的一种税。妈妈的职业是会计，其中一项工作就是按照税法规定帮助企业计算应缴纳多少税款给国家。"

母女俩边走边聊，从一个税徽说到了现行国家征收的各种税费。正讨论得津津有味时，她们经过小区内的一个工地，那里正进行着房产的二期开发，推土机响个不停。芷彤又对此产生了兴趣，她停住了脚步，对妈妈说："妈妈，您看，在土地上盖了房子拿去销售也能赚钱啊，这样也要缴税吗？"

看着满脑子疑问的女儿，妈妈露出了惊讶的表情：经历中考后，女儿的思路拓宽了不少，学会连贯思考问题了。妈妈赞赏地点头："你说得对，转让土地使用权及地上建筑物不但要缴增值税，而且国家为了防止土地炒买炒卖、调节和限制房地产暴利，还要求对土地增值的收益征税，这就是'土地增值税'。"

"土地增值税，就是对土地增值的部分缴税，名字还挺贴切的嘛。"芷彤俏皮地说。"这土地增值税谁来缴呢？"她又不解地问。

"土地当然不会自己缴税，是由转让房地产获得增值的人来缴的，这个税种的纳税人一般都是房地产开发企业。"妈妈笑眯眯地说。

"哦，那我明白了。它的性质跟'个人所得税'和'企业所得税'一样，都是针对所得来征税的。"

"你真是越来越聪明了！咱们到家啦，还不快进来，我的问题小公主！"妈妈打开家门笑道。

（一）个人所得税

个人所得税是对自然人（包括居民和非居民）就其个人取得的各项应税所得征收的一种税。目前，我国的个人所得税采取分类所得税制，共有11个征税项目，分别是：工资、薪金所得，个体工商户的生产、经营所得，对企事业单位的承包经营、承租经营所得，劳务报酬所得，稿酬所得，特许权使用费所得，利息、股息、红利所得，财产租赁所得，财产转让所得，偶然所得和其他所得。

在一般情况下，工资、薪金所得以纳税人本月取得的工资、薪金收入减除下列项目金额以后的余额为应纳税所得额。

（1）基本扣除额3500元；

（2）个人按照规定缴纳的基本养老保险费、基本医疗保险费和失业保险费；

（3）单位、个人分别按照规定缴存的住房公积金；

（4）规定标准以内的公务用车和通信补贴。

目前我们国家对工资、薪金所得个人所得税实行7级超额累进税率。

工资、薪金所得个人所得税税率表

级数	本月应纳税所得额	税率/%	速算扣除数/元
一	不超过1500元的部分	3	0
二	超过1500~4500元的部分	10	105
三	超过4500~9000元的部分	20	555
四	超过9000~35 000元的部分	25	1005
五	超过35 000~55 000元的部分	30	2755
六	超过55 000~80 000元的部分	35	5505
七	超过80 000元的部分	45	13 505

应纳税额计算公式：

应纳税所得额=工资、薪金收入−3500元−其他规定扣除项目

应纳税额=应纳税所得额×适用税率−速算扣除数

例如：

某公司职员刘某本月取得工资收入5000元，奖金收入2000元，各类应纳税补贴收入1000元，按照规定允许扣除的各种社会保险费等支出1840元，刘某本月应纳个人所得税税额的计算方法如下：

应纳税所得额=5000元+2000元+1000元−3500元−1840元=2660元；

应纳税额=2660元×10%−105元=161元。

（二）企业所得税

企业所得税是指在我国境内，对企业（居民企业及非居民企业）和经营单位的生产经营所得和其他所得征收的一种税。它以纳税人每个纳税年度的收入总额减去不征税收入、免税收入、准予扣除项目的金额及弥补往年亏损后的余额为应纳税所得额。收入总额共9项，包括销售货物收入、提供劳务收入、转让财产收入、利息收入、租金收入、特许权使用费收入、股息红利等权益性投资收益、接受捐赠收入和其他收入。准予扣除项目为企业实际发生的与取得收入有关的成本、费用、损失、税金和其他支出。

（三）土地增值税

土地增值税是对有偿转让国有土地使用权及地上建筑物和其他附着物产权，并取得增值性收入者征收的一种税。其实质是对土地价格的增值部分征税，也就是以转让房地产取得的收入减除规定的房地产开发成本、费用等支出后的余额作为计算依据。

"财产税"家庭

财产税是指以纳税人拥有或支配的财产为征税对象的税种体系。这个家庭的成员，是对房屋、土地、车船、资源这些特定的财产进行征税的，置业买车啥的可要与它们打交道哦。它们是房产税、城镇土地使用税、耕地占用税、契税、车船税、船舶吨税、资源税。

税收小故事

小军缴税记

暑假的第一天，小军还在美梦中呢，就被妈妈拉了起来："宝贝，别睡懒觉了，今天妈妈带你去看咱们家的新房子！""太好了，我们有新房子住了！"小军顿时睡意全无，利索地起床了。

来到项目现场，哇噢，很多人排队耶！这是个高品质小区，全部房子精装修。好不容易办完了购房手续，妈妈叫小军："走，跟妈妈一起去缴契税。"

"契税？为什么要缴契税呀？"

"买了房子就得缴契税哦。"

"买房子是我们出钱，为什么还要缴税呀？"

"契税啊，就是由买方缴的，缴完契税之后我们才可以办房产证，房屋产权才发生转移，法律才会保护我们的合法权益。正所谓'买地不税契，诉讼没凭据'！明白不？"

"那是不是说，只有缴了契税，这房子才真正属于我们呢？"

"聪明，可以这么理解，呵呵！"

母子俩办完手续，就到附近的外公家吃午饭，刚好舅舅、舅妈也来了，好热闹。小军的外公是税务局的退休老干部，所以小军一见到他就得意地说："外公，我刚刚去缴税了呢！"

"哈哈，这么棒哟，咱小军缴什么税了啊？"

"我刚和妈妈一起去缴了契税，我们有新房子了！"

"恭喜哟！那咱们今天聚餐可得好好庆贺庆贺！"

好丰盛的一桌菜，小军馋得快流口水了。餐桌上，外公打开了话匣子："小军啊，这个契税是财产税的一种呢。"

"哦？是因为房子是财产吗？"小军好奇地问。

"嗯，可以这样想，说起来大部分财产税都和房地产有关呢，大家都说说，平时你们缴过哪些跟房地产相关的税?"外公开始"考"大家了。

小军舅舅是开工厂的,听到父亲的这个提问,便滔滔不绝地说起来:"就我那个工厂厂房,属于自用经营,每年都要缴一笔金额不小的房产税呢。另外,厂房占用了土地,拥有土地的使用权,所以每年还需要缴城镇土地使用税。"

小军插话问道:"占用土地就要缴城镇土地使用税,那公园、学校、广场什么的占用了那么大面积的土地,岂不是要缴很多税?"

外公拍拍小军的头,笑道:"小军爱思考,要表扬哦。不过公园、学校、医院等属于公益单位,是免交城镇土地使用税的。还有,如果是占用农用耕地建厂房的话,得先缴耕地占用税,之后在土地持有和使用过程中每年要缴纳城镇土地使用税。"

小军又问:"原来跟房地产有关的税就有好几种,这些都属于财产税吧?"

舅舅回答:"对,你舅舅我可是为税收做了不小的贡献呢!"

"舅舅真棒!"

人称包租婆的舅妈也不甘示弱："我也每年要缴房产税呢！我那两套出租的房子，收来的租金也是要缴房产税的。"

"哈哈哈……"不等舅妈说完，大家都笑起来了。

兜风话税

放学了，明明背着书包走出校门。"嘀嘀——"哇噢，明明眼前一亮，一辆好酷的跑车停在身边，嘻嘻，是大表哥。

"大表哥，今天怎么这么有空啦？"

"哎，刚去地税局缴完车船税呢，这不离你们学校近，我跟你爸爸打了声招呼就过来接你了。"

"车船税？你是说你这跑车要缴税吗？"

"对呀，每年都得缴呢，哎，我都想换车了！"

"为什么呀？换了车就不用缴税了吗？"

"才不是呢！以前载客汽车的车船税是按座位数来缴的，不论什么排量的车，只要座位数一样，就缴一样多的税，那个时候我这车最多也就缴几百块钱的税吧。可是从2012年实施新的车船税法后，车船税按汽车排量标准来算，你看这跑车，排量4.0升，每年要缴车船税三千块。而且这高排量的车特别耗油，太浪费钱了。"

"哈哈，就是！我觉得这样改不错啊，大家买车都会考虑排量，减少尾气，促进环保啦！"

"是啊，听说对节能、新能源的汽车，还可以减征或者免征车船税呢。"

跑车一路飞驰，很快就到了港口码头边了。"哇噢，好多轮船哦。对了大表哥，车子要缴税，这些船也要缴税吧？"

缴完车船税，顺道来接你啊！跟你爸说啦。

大表哥，今天有空啊，开车还要缴税？

哈哈，排量大也费油啊，这样好，大家买车都会考虑排量，减少尾气，促进环保。

听说节能、新能源汽车还可以减征或免征车船税呢！

2012年新的车船税法规定，车船税按汽车排量标准计算。这车排量是4.0升，每年车船税要三千块……

"那当然，要不怎么叫车船税呢！我记得我海关的一个朋友还跟我提过船舶吨税呢。这个船舶吨税跟车船税不一样，是海关代征的，征税对象是外国船舶或者是外商使用的船舶，因为他们使用了我国的助航设施，就要向我国缴税，这笔税款就主要用来维护航道设施。据说这个船舶吨税还有个外号叫灯塔税呢。"

"哈哈，我知道了，灯塔发光可以为船舶提供助航保障，所以就叫灯塔税。"

"没错，明明真聪明！"

大表哥说完停下车，打开敞篷，一边享受海风的吹拂，一边跟明明聊天："明明你知道吗？据说在美国有个海滨小镇很特别，只要住在海边，能看见沙滩和海水，就要缴税呢。"

"真的？为啥呀？"

39

"他们叫风景税,享受了美景资源,算是一种资源税吧。"

"哈哈,可真好玩。大表哥你知道我们国家有没有收资源税呢?"

"有啊,资源税的征税对象就是自然资源,比如说石油、煤炭、天然气、矿产。"

"那收资源税是不是也是为了保护环境、节约资源呢?"

"对,资源对人类太重要了,万一枯竭了,这地球也没法生存了。"

"税收的意义真大啊!大表哥,你真是百事通,什么都懂!今天跟你兜风收获满满的!"

(一)房产税

房产税是财产税类的主要税种,是我国地方财政收入的重要来源。房产税的征税对象是房屋。我国目前只对用于生产经营的房屋征税,其中,对于自用的房屋按房产余值征收,税率为1.2%;对于出租房屋按租金收入征税,税率为12%,但对个人出租住房的,按4%税率征税。为了抑制炒房行为，国家批准上海、重庆试点对居住的房屋征税，不过还没有在全国范围推广。

（二）城镇土地使用税

城镇土地使用税是对使用的城镇土地征收的一种税。以纳税人实际占用的土地面积为计税标准，按规定税额对拥有土地使用权的单位和个人征收。按占地面积大小缴税，多占地多缴税，谁占地谁缴税，是城镇土地使用税的一个重要特点。占用土地每年都要缴税，使用多少年就缴多少年的税。特殊用地，国家规定可以免税，如对人民军队、国家机关的用地，对宗教寺庙、公园、名胜古迹的用地，对市政街道、广场、绿化地等公共用地，免征城镇土地使用税。

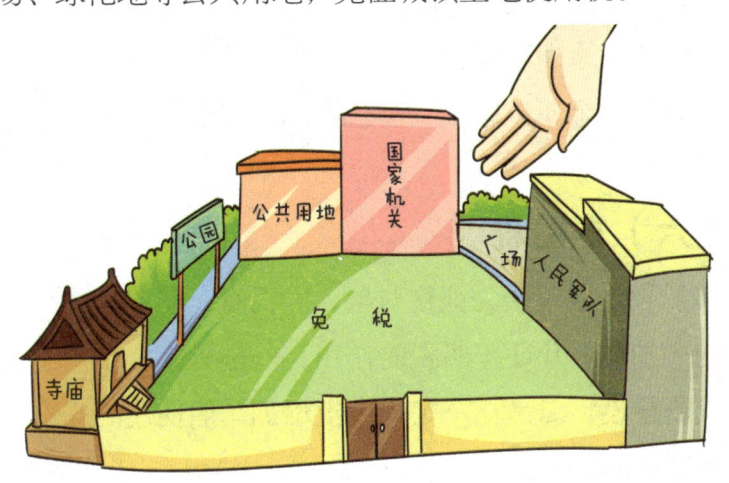

（三）耕地占用税

耕地占用税是国家对占用耕地建房或者从事其他非农业建设的单位和个人，依据实际占用耕地面积，按照规定税额一次性征收的一种税。目的是约束纳税人占用耕地的行为，促进土地资源的合理运用。

（四）契税

契税是以所有权发生转移变动的不动产为征税对象，向产权承受人征收的一种财产税。应缴税范围包括：国有土地使用权出让，土地使用权出售、赠与和交换，房屋买卖，房屋赠与，房屋交换等。

（五）资源税

资源税是为了保护和促进国有自然资源的合理开发与利用，适当调节资源级差收入并体现国有资源有偿使用而征收的一种税。目前，我国资源税征税范围包括原油、煤炭、天然气、其他非金属矿原矿、黑色金属矿原矿、有色金属矿原矿以及盐等。

全面推开资源税改革你必须知道的5件事儿

（六）车船税

车船税是以车船为征税对象，向拥有车船的单位和个人征收的一种税。开征车船税的作用：一是筹集资金用于交通基础设施建设；二是在一定程度上增加车船使用的成本，引导大家理性消费。

（七）船舶吨税

船舶吨税是一国船舶使用了另一国家的助航设施而向该国缴纳的一种税，专项用于海上航标的维护、建设和管理。船舶吨税由海关代交通部征收，海关征收后就地上缴中央国库。

税收大家庭的小兄弟——其他税收

除了前面讲的三个家庭外,在税收大家庭里,还有一些有个性的小兄弟,它们占国家税收收入的比重虽然不高,计算起来也很简单,但是也都具有独特的作用呢!它们分别是印花税、城市维护建设税和烟叶税。

(一)印花税

印花税是对经济活动中签立的各种合同、产权转移书据、营业账簿、权利许可证照等应税凭证文件所征收的一种税。常言道:"口说无凭,立字为据。"这个"据"就是证据,指的是各种契约、合同、协议、凭证等,针对这些"证据"所征收的税就是印花税。

说说印花税

印花税是一个很古老的税种,它的产生比其他税种更具有传奇色彩。1624年,荷兰政府因发生经济危机,财政困难,想开征新税又怕人民反对,于是就采用公开招标的办法,悬赏征求设计一种既能增加财政收入、又不会遭到社会公众反对的新税方案。印花税,就是从千万个应征者设计的方案中精选出来的"杰作"。印花税被誉为税负轻微、税源畅旺、手续简便、成本低廉的"良税"。从1624年第一次在荷兰出现印花税后,由于其"取微用宏"、简便易行,欧美各国都竞相效仿。它在不长的时间内,就成为各国普遍

采用的一个税种，在国际上盛行。

印花税票是缴纳印花税的完税凭证，由国家税务总局负责监制。它的票面金额是以人民币为单位的，分为壹角、贰角、伍角、壹元、贰元、伍元、拾元、伍拾元、壹佰元9种。缴纳印花税时，按照规定的应纳税额，购买并粘贴相同金额的印花税票，并在粘贴的印花税票和凭证的交接处盖印章或画几条横线注销，就完成了印花税的缴纳。印花税票和邮票一样具有收藏价值，它和邮票长得很像，所以有人把印花税票称为邮票的姐妹花。

2014年中国印花税票（岭南钩沉）

证券交易也要缴纳印花税。国家可以运用印花税对股市进行适当的调节。例如，为进一步促进证券市场的健康发展，2007年5月30日，国家调整证券（股票）交易印花税税率，由1‰调整为3‰。即对买卖、继承、赠与所书立的A股、B股股权转让书据，由立据双方当事人分别按3‰的税率缴纳证券（股票）交易印花税。

而到了2008年4月24日，国家又调整证券（股票）交易印花税税率，由3‰调整为1‰。同年9月19日，又将印花税改为单边征收，即只由出让方按1‰的税率缴纳证券（股票）交易印花税，受让方不再缴纳。

投资者在进行股票买卖时，证券交易所会自动按交易额的一定比例（目前是1‰）扣缴税款。我们举个简单的例子看看这个证券（股票）印花税是怎么计算的：

如果买入1000股10块钱每股的股票，不需缴纳印花税；如果卖出1000股10块钱每股的股票，那么要缴纳印花税：（10元/股×1000股）×0.001=10元。

（二）城市维护建设税

城市维护建设税（简称"城建税"）是为了加强城市维护与建设，扩大和稳定城市维护建设资金的来源而开征的一种税。城建税是个"影子税"，为什么这么说呢？因为它是以纳税人实际缴纳的增值税、消费税、营业税税额为计税依据征收的附加税。不过可别看它是附加税，我们美丽的现代化城市建设可少不了它的功劳哦。城建税为开发建设新兴城市，扩

展、改造旧城市，发展城市公用事业，以及维护公共设施等提供了稳定的资金来源，使城市的维护建设随着经济的发展而不断发展，小税种也有大功劳呢！

如何计算城建税的应纳税额呢？城建税的税率因纳税人所在地不同而不同，城市市区税率为7%；县城、镇为5%；其他地区为1%。我们来看一道计算题吧：

某市区一企业2016年8月份实际缴纳增值税300 000元，缴纳消费税380 000元。这家企业当月应缴纳城建税多少呢？

答：该企业当月应缴纳城建税：

（300 000元+380 000元）×7%=47 600元

是不是很简单呢？

（三）烟叶税

金秋时节，丹桂飘香，正值烟草丰收的季节，烟农们喜笑颜开忙丰收的同时，也为政府财政收入做出了贡献。烟草是一个传统产业，我国许多地方

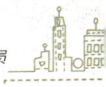

都有种植烟叶的习惯。烟叶作为一种特殊的产品，具有较高的经济价值，不仅是烟农，也是地方政府收入的一大来源。在我国境内收购烟叶（指晾晒烟叶、烤烟叶）的单位是烟叶税的纳税人，烟叶税以烟叶的收购金额为计税金额，税率为20%，计算起来也很简单。

（四）环境保护税

2016年12月25日，酝酿近十年的环境保护税落地，我们的税收大家庭要迎来新的成员啦！这一新税种将于2018年1月1日起开征，而1979年确立的环保排污费即将退出历史舞台，由环保税取而代之。《环境保护税法》将"保护和改善环境，减少污染物排放，推进生态文明建设"写入立法宗旨，明确"直接向环境排放应税污染物的企业事业单位和其他生产经营者"为纳税人，确定大气污染物、水污染物、固体废物和噪声为应税污染物。环境保护税的开征进一步完善了我国的"绿色税收"体系，通过税收杠杆，引导排污单位减少污染物排放，为人民创造良好的生产生活环境。

（五）教育费附加

教育费附加并不是一个税种，而是为了发展教育事业在1986年7月开始征集的一种专项资金。教育费附加也是以纳税人实际缴纳的增值税、消费税税额为计费依据的，附加率为3%。由于教育费附加是随税同缴的，也出来冒个泡，让大家认识一下！

第三讲 "税"的旅行——从纳税人钱袋到国家财政

谁是纳税人

（一）大家都可以是纳税人

纳税人，是税法规定的直接负有纳税义务的单位和个人。纳税人可以是法人也可以是自然人。

法人包括进行独立预算的国家机关和事业单位、享有独立经费的社会团体、实行独立核算的企业等。在法人中，企业是最主要的纳税人，它可以是工厂、商店，也可以是具有同样性质的各种公司。比如企业取得销售收入要缴增值税，获得利润要缴企业所得税。

教师、医生、演员、公务员等，不论成年人或未成年人，本国人或外国人，均属自然人，自然人是纳税人的重要组成部分。如同学们的爸爸、妈妈每月领取工资要缴个人所得税；同学们住的房子，在买的时候要缴契税、印花税；家里购买汽车时要缴车辆购置税，汽车每年要缴车船税；等等。

（二）税收就在我们身边

美国著名政治家本杰明·富兰克林曾经说过这样一句话："人的一生有两件事是不可避免的，一是死亡，一是纳税。"可见，税收与我们每个人都息息相关。一个人，只要生活在社会中，就免不了买东西，只要有购买行为，那么也就同时缴税了。我国一位著名经济学家说："任何一样消费，不管是在超级市场买东西，还是用电交电费，打电话交话费，里面统统都有税。只不过你不知道而已。"作为一个普通的消费者，我们即使没有直接向税务机关缴纳税款，但是都会因为各种各样的消费行为，而承担了税款。比如我们身上穿的衣服、鞋子，家里吃的米饭、面包，在外面吃饭、喝饮料，支付的费用里就已经包含了税款；我们住的房子，购买的时候也缴纳了税款；还有给家里的小汽车加油，油钱里也包含着税款！

可以说，在我们的生活中，税收无处不在，我们人人都是纳税人，每一个公民都是国家税收的贡献者，是国家的主人，是国家建设的参与者。

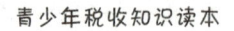

负责征税的部门

税收是如何将纳税人钱袋里的钱变为国家财政收入的呢？国家并不能直接征收税款，这就需要一个关键角色的介入，就是国家的征税部门。征税部门由法律授权行使征税权，将纳税人的部分收入汇聚为国家财政收入。目前我国的税收主要由税务机关、海关、财政机关负责征收。税务机关按照征管范围不同，又分为国家税务局和地方税务局。

（一）国家税务局

国家税务局的征管范围包括：增值税（除进口环节）、消费税（除进口环节）、企业所得税、海洋石油企业资源税、储蓄存款利息个人所得税（暂免征收）、证券交易印花税、车辆购置税、出口产品退税以及其他按规定征收的税收。

（二）地方税务局

地方税务局的征管范围（不包括已明确由国家税务局负责征管的部分）包括：企业所得税、个人所得税、房产税、土地增值税、城市维护建设税、车船税、印花税（不包括证券交易印花税）、城镇土地使用税、耕地占用税、资源税、契税、烟叶税、营业税以及其他按规定征收的税收，教育费附加、社会保险费、残疾人就业保障金和省、市人民政府制定征收的地方教育附加等其他费金。

（三）海关

海关系统的征税范围包括：关税、船舶吨税、代征进口环节的增值税和消费税、行李和邮递物品进口税。

（四）其他

财政机关设置于各级人民政府，财政部是国务院组成部门，省以下各级财政机关是同级人民政府的组成部门。在少数省份，耕地占用税和契税也由财政机关征收和管理。

纳 税 服 务

（一）什么是纳税服务

纳税服务是指以税务部门为主体，政府及相关部门、社会组织协作、涉税中介机构为补充的，依据税收法律、行政法规的规定，向纳税人提供贯穿于税收全过程的各项服务事项和措施。

（二）纳税服务的主要内容

纳税服务的主要内容包括税法宣传和纳税咨询、办税服务、信用管理、权益保护和社会协作。

●税法宣传

指税务机关广泛、及时、准确、有针对性地向社会公众宣传税法、税收政策和各种办税程序等，普及纳税知识。其作用是增强全社会的纳税意识，提高纳税人依法履行纳税义务的自觉性，帮助纳税人学好、用好税法知识。

● **纳税咨询**

指税务机关为纳税人提供电话、信函咨询以及现场咨询、网络在线咨询多种咨询途径，解答纳税人提出的问题，加强与纳税人联系和沟通，及时进行纳税辅导。

● **办税服务**

指税务机关提供并健全网上办税、服务厅办税、电话办税、短信办税、邮寄办税等多种办税方式，优化办税流程，精简涉税资料，丰富服务内容，帮助纳税人更便捷、高效地行使权利和履行义务，如向纳税人提供电子申报、电子缴税、微信申报、电话申报等方式，方便纳税人办税。随着网络技术的发展，还可运用互联网提供网上税务局、移动税务局服务，纳税人足不出户就可以办理涉税事务。

●权益保护

指税务机关通过加强纳税人权益保护的法律制度、沟通机制、快速处理纳税人意见和投诉处理机制等建设，大力推行政务公开，做好税务法律救济工作等方式，积极响应纳税人诉求，妥善解决税收争议，及时满足纳税人的合理需求，切实保障纳税人的知情权、参与权、表达权、监督权，为纳税人营造公平、公正、和谐的税收环境。

●信用管理

指税务机关通过加强纳税信用评定管理，强化纳税信用评定结果应用，提高纳税服务和税收管理的综合效能，推进税收信用体系建设。税务机关根据纳税人遵从税法情况和接受税务机关管理情况，将纳税人的信用划分不同等级，对不同信用等级的纳税人分类进行管理，为纳税人提供个性化服务，促进依法诚信纳税，推动社会信用评价体系建设，促进全社会信用水平的提高。

A级纳税人守信联合激励

上了税收黑名单，将受到这18项联合惩戒

●社会协作

指税务机关进一步延伸服务范围，发挥社会主体的服务优势，引导涉税中介机构守法、中立、公正地提供服务，与财政、公安、工商、银行及社会组织、行业协会等部门和组织加强合作，支持纳税服务志愿者开展工作，与第三方机构联合开展满意度测评、需求调查等，为纳税人提供更加便利的服务。

纳税人怎样缴税

看到这儿，估计大家要急着问一个问题了，既然人人都是纳税人，税务机关的纳税服务那么周全，到底应该怎样缴税呢？这里最关键的一步就是纳税人的"申报纳税"。

税收小故事

糖水店的税事

"一杯杏仁茶""两碗姜撞奶"……豆豆的妈妈做得一手好甜品，杏仁茶、姜撞奶、豆腐花、凉粉都是她的拿手活，这些甜品深受街坊邻里的喜爱，顾客络绎不绝。

糖水店店面不大，只有几张桌子和凳子，也没有请服务员，从购买食材、制作甜品、收拾餐具到店铺经营等所有事情都是由豆豆的爸爸和妈妈两个人包揽。豆豆知道爸爸妈妈一直精心经营糖水店，就像用心抚养他一样。

糖水店虽小，但是该缴的税一分不少。豆豆对税不是很了解，只知道糖水店里一直挂着一张"税务登记证"，还记得每个月爸爸都会按时到税务局报税。又到了每月报税的日子，豆豆的爸爸最近太忙，一直没有时间去税务局，于是这个月报税的任务就交由妈妈去做。豆豆正在放暑假，就跟着妈妈一起去了。

在路上，妈妈告诉豆豆，现在店里生意越做越好，事情越来越多，爸爸以后抽不出时间报税的情况可能会更多，这次去税务局要好好了解一下还有没有其他报税的方式。

到了办税服务厅，豆豆的妈妈在前台递交了申报资料，前台工作人员根据申报表内容代为录入申报数据并扣缴了税款。报税完成后，豆豆的妈妈问工作人员："每个月来这里报税挺费时间的，还有没有其他报税的方式？"

> 妈妈，爸爸每月都来这里吗？

> 网上报税就是通过互联网登录网上办税系统申报纳税，全天24小时都可以办理……还有简易申报……

工作人员递给她一份资料说："正要跟您说呢，现在信息技术发展得快，纳税人可以选择的申报纳税方式也更多了。除了现在的办税服务厅申报纳税外，还有网上申报纳税、简易申报、邮寄申报等其他多种方式呢。现在，有些城市还可以通过微信申报纳税了。"

豆豆边听边研究资料说："咦，网上申报纳税很方便啊。"

工作人员听了，耐心地向他们介绍："网上申报纳税是目前纳税人比较喜欢的申报纳税方式。纳税人办理网上申报登记手续后，通过互联网登录网上办税系统，24小时全天候申报纳税，足不出户便可以轻松纳税。"

"网上申报纳税是很方便，我们要回去好好研究。叔叔，什么是简易申报啊？"豆豆问。

工作人员介绍："简易申报适用于定期定额个体工商户，每月由税务部门从个体工商户银行账户中对定额部分直接扣税，扣税成功视同已申报纳税。"

听完，豆豆直点头："哦，原来还可以这样啊！"豆豆和妈妈谢过工作人员后，便拿着资料离开了。

路上，豆豆开心地说："妈妈，现在的纳税申报多方便啊，回去跟爸爸商量，咱家开通网上报税吧，这样在家里点点鼠标就可以了，多方便啊。我上网很在行，可以帮忙哦！"妈妈笑了："这个嘛，我看行！"

申报纳税是纳税人发生法定纳税义务后，按照税法规定的期限和内容，向主管税务机关提交有关书面报告并缴纳税款的法律行为，简单理解就是"申报+纳税"。我们把纳税人到税务机关办理申报纳税的地方叫作办税服务厅。那么，是不是只有在办税服务厅才能办理税务事项、缴纳税款呢？那可不是，申报纳税的方式很多，纳税人可以根据自己的实际需要选择呢！我们一起来看看常见申报纳税方式有哪些吧？网上申报纳税、银行批量扣税、办税服务厅申报纳税、邮寄申报、移动终端申报纳税……真不少啊！

● **网上申报纳税**

是指纳税人办理网上申报登记手续后，通过互联网登录网上办税系统，24小时全天候申报纳税，足不出户便可以轻松纳税。这也是目前企业类纳税人申报缴税的主要方式。

● **银行批量扣税（简易申报）**

适用于定期定额个体工商户，每月由税务部门从个体工商户银行账户中对定额部分直接扣税，扣税成功视同已申报纳税。

● **办税服务厅申报纳税**

是指纳税人到主管税务机关征收前台递交申报资料，由前台工作人员根据申报表内容代为录入申报数据并扣缴税款。

● **邮寄申报**

是指纳税人可通过邮政部门将纳税资料寄到税务机关办理纳税申报。

● **移动终端申报纳税**

是指纳税人通过手机APP（应用程序）、官方微信等移动终端方式登录办税系统，实时办理纳税申报、缴税情况查询等。

纳税人的权利

纳税对纳税人来讲，就是从自己钱袋里掏钱放到国库里。相对于强大的国家，每一个具体的纳税人显然都处于"弱势"地位，那么如何保护纳税人，避免出现被多掏钱或不合法掏钱的情形呢？我们国家的税收法律已经考虑到这一点，给纳税人准备了"保护盾牌"，这就是纳税人的14种权利。每个纳税人都应了解、熟悉，学会使用保护工具才能更好地安全纳税哦。

●知情权

纳税人享有知情权，这是纳税人享有的首要权利。如果纳税人不知道有什么税法规定，不知道怎么计算税款，不知道去哪里办税，又如何向国家缴纳税款呢？所以税收法规、办理税收事项的规定、税款计算的法律依据、发生争议和纠纷时解决的途径和条件等，纳税人都有权知道。

●保密权

纳税人享有保密权，是不是意味着税务机关就要为纳税人的一切信息保密呢？纳税人在依法申报纳税的时候，有一些信息是要向税务机关报告的，如公司的银行账号、公司的基础信息、个人的身份信息以及经营者不愿公开的个人事项等。这些是商业机密和个人隐私，纳税人有权要求税务机关为其保密，除非有法律规定或者纳税人的许可，税务机关绝对不会对外部门、社会公众和其他个人提供，但不包括税收违法行为信息。也就是说，纳税人税收违法行为不属于保密范围。因此，我们会看到一些公司的欠税信息在税务局的网站上公开，税务机关公开纳税人的欠税信息是合法的。

●依法享受税收优惠权

税收优惠是国家在税收方面给予纳税人和征收对象各种优待的总称。就像学生搭乘公共交通工具可以享受乘车优惠一样，税收优惠是国家运用税收政策，对特定行业、特定区域、特定类型的纳税人给予减税或免税的一种优待，是减轻或减除纳税人税收负担的一种形式。我国目前的税收优惠政策是非常广泛的，有的需要书面申请，有的不需要书面申请。那么，学生也享有税收优惠政策吗？是的。比如大学生创业办个体户，在三年内按每户每年8000元为限额依次扣减其当年实际应缴纳的增值税、城市维护建设税、教育费附

加、地方教育费附加和个人所得税。限额标准最高可上浮20%，各省、自治区、直辖市人民政府可根据本地区实际情况在此幅度内确定具体限额标准。想了解更多大学生创业的税收优惠？扫描二维码，一个有趣的动漫会告诉你大学生创业的那些税收优惠。

有了它，大学生毕业创业不再是难题

● 税收监督权

纳税人享有税收监督权，有权对税务机关、税务人员进行严格监督。如果纳税人认为税务人员征税行为违法，可以检举、可以控告，还可以对税务人员索贿受贿、徇私舞弊、玩忽职守、故意刁难等问题进行检举和控告。同时，对其他纳税人的税收违法行为也有权进行检举。

● 拒绝不合要求的检查权

税务机关派人到企业单位检查时，应当出示税务检查通知书和税务检查证，否则，纳税人有权拒绝检查。

● 陈述与申辩权

对税务机关所作出的行政处罚等决定，纳税人有陈述与申辩的权利。

● 依法要求听证的权利

对税务机关作出的罚款数额达到一定金额（对公民罚款2000元以上、对法人或其他组织罚款10 000元以上）的处罚，纳税人有权向税务机关要求举行听证，纳税人申请听证不需要支付费用。

● **税收法律救济权**

纳税人等税务相对人认为税务机关的具体行政行为侵犯了其合法权益，有权依法提起行政复议、行政诉讼。税务机关或税务人员违法行使职权，侵犯了纳税人等税务相对人的合法权益并造成损害的，受害人有权请求国家赔偿。

另外，纳税人还有索取税收凭证权、纳税申报方式选择权、申请延期申报权、申请延期缴纳税款权、申请退还多缴税款权和委托税务代理权等权利。

纳税人的主要义务

大家都知道权利和义务是相对的，享受权利也必然要承担义务。作为纳税人，我们必须清楚地知道要履行哪些义务。如果不履行义务，就可能承担违法的风险哦。

税收小故事

小荃的税款

小荃很喜欢看杂志。高一那年的寒假，她向杂志社投了两篇自认为写得不错的文章。半年过去了，就在小荃快要忘掉这件事的时候，突然接到杂志社打来的电话。杂志社工作人员告诉她，她投来的其中一篇文章将在近期刊登，杂志和稿费汇款单会一并寄给她。工作人员还告诉小荃，因为稿酬要缴个人所得税，所以汇款单上的是扣完税之后的钱。

爸爸妈妈下班回来后，小荃马上和妈妈说了自己的稿酬要扣税的事情，还有点委屈地问："虽然经常听您说起税，但我还是未成年人，为什么我的稿费也要纳税？"

爸爸在旁边听得哈哈笑。

妈妈也笑着说："每个公民都有依法纳税的义务，虽然小荃还是未成年人，可也不能例外啊。"小荃被妈妈说得一愣，连忙说："妈妈，我不是想例外，我只是没想到纳税离我那么近！"爸爸笑呵呵地插话道："是吧？其实税收与每个人都息息相关！你买书、买杂志的钱也包含了税款呢！""啊？买杂志的时候纳了税吗？"小荃非常惊讶。

"一个人只要有购买行为，价格中一般都包含了税款，只是由销售方来缴纳，你不知道而已。"妈妈解释道，接着又问："你们知道纳税人在纳税过程中负有哪些义务吗？"

爸爸抢先回答："缴纳税款的义务。"见小荃一时答不上来，妈妈说："爸爸说得也不全对，不仅要缴纳税款，还要按时才行。纳税人在纳税过程中一共有10项义务，如按时、如实申报的义务，按时缴纳税款的义务，代扣、代收税款的义务，等等。就像这一次，杂志社给了小荃稿酬，杂志社就要依法履行代扣代缴的义务。就是说，杂志社在给小荃稿酬的时候，要从中代扣小荃应该缴纳的税款，并代你将这笔税款交给税务机关。"

"哦，那么我每个月领取工资的时候，单位也是履行了代扣代缴义务，对吗？"爸爸发问了。妈妈边点头边回答："嗯，对的。除此以外，还有依法进行税务登记、及时提供信息、报告其他涉税信息的义务。""小荃，你还记得上星期你告诉妈妈，放学回家的时候你看见两个穿着和妈妈一样制服的阿姨去了小区超市的事吗？""怎么会不记得呢？那是怎么回事啊？"小荃急忙问。妈妈笑着说："就是超市老板领证开业以后，没有按时报税，税务人员是去提醒他们的。"

爸爸问："那超市停业装修不对外营业要告诉税务机关吗？"妈妈回答："当然要啊，停业期间因为没有营业，按照国家规定就不必缴纳税款。遇到这种情况，有义务及时向税务机关提供信息。""妈妈，纳税人还有什么义务呢？"小荃听上了瘾，不停发问。妈妈微笑着耐心介绍："有依法开具、使用、取得和保管发票的义务，比如我们在外吃饭，消费以后餐厅给我们开发票，这是他们必须履行的义务……"

后来，妈妈还向爸爸和小荃详细介绍了工资和稿酬计算税款的方法。听完了妈妈的这堂课，小荃豁然开朗，解开了心中的疑惑，对税收有了更深的了解。同时，她为自己是一名小纳税人感到自豪！

妈妈，我的稿酬为什么也要缴税呢？

呵呵，每个公民都有依法纳税的义务哦！

税收跟每个人都息息相关啊！你买书、买杂志的钱也包含了税款呢！

我们特地来提醒您，要按时报税哦！

这么说，我的稿酬是2800元，没有超过4000元，应该缴的个人所得税是（2800元−800元）× 20% × (1−30%)＝280元。难怪杂志社只给我2320元呢。

没错啊！你可真行！给妈妈看看你的大作吧！

生意场上的"朋友"

王连和明辉曾经在生意上有来往，吃吃喝喝的也就成了好友。最近，明辉新成立了一家物流公司，他看中了王连公司的一处闲置房产，想租来作为办公场所。明辉对王连说："咱们就别签订租赁合同了，我每月准时给你现金。老朋友嘛，租金上你也给我个优惠。租赁的事你知我知，这笔收入你也不要去申报缴税了。"

物流公司经营了八个月就倒闭了。王连听信了明辉的话，隐瞒了这八个月的租金收入。税务机关对王连的公司实行日常税务检查时，发现了这一违法行为，要求其补缴相关税费十多万元，并处以0.5倍的罚款。王连悔不当初，从此明白一定要慎选朋友，损友交不得呀。

2009年11月，国家税务总局发布了《关于纳税人权利与义务的公告》，系统梳理了法律规定的纳税人的14项权利与10项义务。那么，纳税人有哪些具体的义务呢？

●**依法进行税务登记**

纳税人应当自领取营业执照之日起30日内，持有关证件，向税务机关申请办理税务登记。税务登记内容发生变化、停业、复业、注销都要到税务机关办理登记。

●**依法设置账簿、保管账簿和有关资料及依法开具、使用、取得和保管发票**

纳税人应当按照有关法律、行政法规和国务院财政、税务主管部门的规定设置账簿，根据合法、有效凭证记账，进

行核算；从事生产、经营的，必须按照国务院财政、税务主管部门规定的保管期限保管账簿、记账凭证、完税凭证及其他有关资料；账簿、记账凭证、完税凭证及其他有关资料不得伪造、变造或者擅自损毁。纳税人在购销商品、提供或者接受经营服务以及从事其他经营活动中，应当依法开具、使用、取得和保管发票。

● 按时、如实申报

纳税人必须依照法律、行政法规规定或者税务机关依照法律、行政法规的规定确定的申报期限、申报内容如实办理纳税申报，报送纳税申报表、财务会计报表以及税务机关根据实际需要要求报送的其他纳税资料。扣缴义务人必须依照法律、行政法规规定或者税务机关依照法律、行政法规的规定确定的申报期限、申报内容如实报送代扣代缴、代收代缴税款报告表以及税务机关根据实际需要要求报送的其他有关资料。即使

纳税人在纳税期内没有应纳税款，或者享受减税、免税待遇的，也要按照规定办理纳税申报哦。

● **按时缴纳税款**

纳税人应当按照法律、行政法规规定或者税务机关依照法律、行政法规确定的期限，缴纳或者解缴税款。没有按照规定期限缴纳税款或者未按照规定期限解缴税款的，税务机关除责令限期缴纳外，从滞纳税款之日起，还将按日加收滞纳税款万分之五的滞纳金。

● **代扣、代收税款**

代扣代缴、代收代缴义务人必须依照法律、行政法规的规定履行代扣、代收税款的义务。如依法履行代扣、代收税款义务时，纳税人拒绝的，代扣代缴、代收代缴义务人应当及时报告税务机关处理。

● **接受依法检查**

纳税人有接受税务机关依法进行税务检查的义务，应主动配合税务机关按法定程序进行的税务检查，如实反映自己的生产经营情况和执行财务制度的情况，并按有关规定提供报表和资料，不得隐瞒和弄虚作假，不能阻挠、刁难税务机关的检查和监督。

● **其他**

此外，纳税人的财务、会计制度或者财务、会计处理办法和会计核算软件，应当报送税务机关备案。应当按照规定安装、使用税控装置，不得损毁或者擅自改动税控装置。纳税人除通过税务登记和纳税申报向税务机关提供与纳税有关的信息外，还应及时提供、报告其他涉税信息。

第四讲 税收之旅的纪念品——发票和完税凭证

大家外出旅行的时候,一般都会带些小纪念品回家,同样,"税"的旅行结束后,也会给人们留下一些"纪念品",那就是发票和完税凭证,大家可要注意保存好啊,说不定就会有用到的时候呢。

发票的作用

税收小故事

亮亮的疑问

亮亮发现爸爸有个非常奇怪的行为,比如全家出去吃饭,吃完饭买了单,大家都要走了,爸爸却说:"等等,我还没开发票呢。"又比如去商场买东西,付了钱后,爸爸又说:"亮亮,我们还要去开发票。"再比如出门打车,下车的时候爸爸又向司机师傅要发票。

发票!发票!怎么到处都有发票?爸爸要这么多发票做什么呢?亮亮丈二和尚摸不着头脑,就跑去问爸爸。爸爸听了笑起来:"你问得太好了!"然后又拿出几张发票,耐心地向亮亮解释起发票的相

关知识。

爸爸拿起一张发票说："你看，这张发票是我们上次吃饭时拿的。"爸爸又拿起另两张发票，说道："这张是在商场给你买学习机的时候开具的发票，如果你的学习机在一年之内坏了，我们可以拿着这张发票去免费维修，所以这张发票一定要保存好啊！还有这张，是爸爸上周出差时候的电子客票行程单，这张也是发票哦。爸爸可以拿着它回公司报销，没有它就报销不了，坐飞机的钱爸爸可就要自己出了。"

这时，爸爸又拿出自己的手机，说："亮亮，你再看下这个。"亮亮拿过爸爸的手机，原来是一个未知的号码发来的短信："代开发票，请联系张先生，电话……" 亮亮看完，问："爸爸，这是什么呀？"爸爸回答说："发票只能在税务机关领用或者由税务机关代开，也可以由税务机关按照规定委托其他单位代开。发这种短信的都是兜售假发票的家伙，或者是违法虚开发票的票贩子，我们可千万不能上当啊。"亮亮听完，使劲地点了点头："爸爸，我们一起来举报这个号码，不要让其他人上当了。"爸爸赞赏地拍了拍亮亮的头，欣慰地笑了。

（一）发票的由来

其实，发票由来已久，自从有了大量的、复杂的交换活动，就有发票的雏形了。虽然形式和名称不一样，但目的和作用却一样，都是作为记录交换结果的凭证。随着经济社会的发展，这个凭证内容也越来越详细和规范。到清代光绪年间时，就对各类交易收支凭证都有了统一要求，并统一颁发使用了。不过，即使到了新中国成立以后，这些凭证都没有一个统一的名称，有的称为"销货证明书"，有的称为"发货票"。看到这里，可能有同学已经猜出来啦，"发票"这个名称就是从"发货票"简化来的。1986年8月，财政部制定颁发了《全国发票管理暂行办法》，"发票"的名称就正式定下来了。

（二）发票的作用

发票在我们日常生活中很常见，购物要发票，坐车要发

票，吃饭要发票，买房、买车也要发票……那么发票有什么用呢？

通俗来讲，发票就是一个交易结果的记录。规范来说，发票是指在购销商品、提供或者接受服务以及从事其他经营活动中，开具、收取的收付款凭证。发票对于消费者、商家和税务机关都有重要的作用哦！

● **对消费者的作用**

对消费者来说，平时感觉不到发票有什么用，可是一旦跟商家有什么纠纷，购买的商品和服务出现质量问题或者有其他麻烦时，大家可能就会真实地感觉到索取发票的好处了。因为发票可以证实我们的消费行为，这个作用对维护我们的权益非常重要！发票作为经济活动中收付款凭证，既有填制单位印章，又有经办人签章，还有监制机关，其法定的证明效力是确定无疑的。

大家消费后取得并保留发票，在工商部门检查经济合同、处理合同纠纷，法院裁定民事诉讼，向商家要求调换、

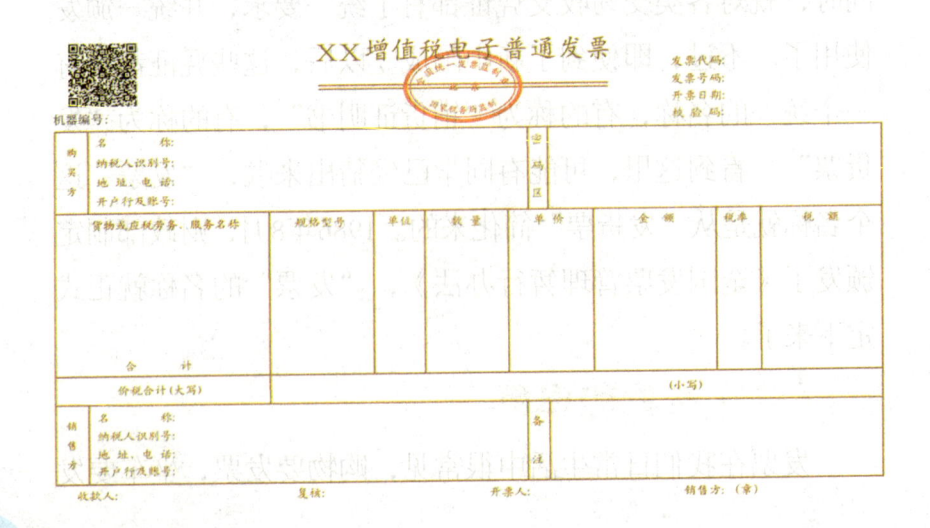

第四讲 税收之旅的纪念品——发票和完税凭证

退货、修理商品时都能提供关键的证据。另外，办理了财产保险，保险公司理赔时也会需要查阅发票。我们买了房子、车子，在办理房屋产权登记、车辆登记时，发票也是证明你的房子、车子是合法取得的必要资料哦！

现在，为了方便消费者保存使用发票，推出了电子发票。电子发票突破了传统纸质发票的概念，采取电子签章实现发票签名、电子盖章，通过数字媒体形式传送和保存发票内容，可以通过网络、移动通信等方式传送给接收方。

电子发票的法律效力、基本用途、基本使用规定等与税务机关监制的增值税普通发票相同。消费者可用于维权和报销。

● **对商家的作用**

对商家来说，发票就更重要了。发票是财务收支和会计核算的原始凭证，企业有了发票，抵扣成本、摊销费用、核算收支、计算盈亏，才有了依据。有些行业还需要增值税专用发票进行税款的抵扣，最终确定要缴纳的增值

75

税金额。不符合规定的发票，不得作为财务报销凭证，任何单位和个人有权拒收。所有单位和从事生产、经营活动的个人在购买商品、接受服务以及从事其他经营活动支付款项时，都应当向收款方索取发票。索取发票时，不得要求变更品名和金额。

● **对税务机关的作用**

对税务机关来说，发票是监控税收的一个重要法宝。税务、审计机关到企业查账，首先查的就是企业最原始的凭证、发票。税务部门征税、纳税人缴税，发票也是一个重要的依据。所以说，如果消费者在经济活动中养成主动索取发票的习惯，好处是很多的，既保护了自己的权益，也为国家税收做一份贡献。

（三）发票的辨识和查验

发票和人民币一样都有防伪的功能。取得了发票不知道真假，该怎么辨识呢？自2017年1月1日起，国家税务总局开始启用全国增值税发票查验平台。取得增值税发票的单位和个人可登录全国增值税发票查验平台（https://inv-veri.chinatax.gov.cn），对增值税专用发票、增值税普通发票、机动车销售统一发票和增值税电子普通发票的信息进行查验。我们以2016年第四季度起印制的采用新的防伪措施增值税普通发票为例来辨识一下吧。增值税普通发票各联次颜色为：第一联为蓝色，第二联为棕色，第三联为绿色，第四联为紫色，第五联为粉红色。调整后的增值税普通发票的防伪措施为灰变红防伪油墨。增值税普通发票各联次左上方的发票代码及右上方的字符（№）使用灰变红防伪油墨印制，油墨印记在外力摩擦作用下可以发生颜色变化，产生红色擦痕。如果我们使用白纸摩擦票面的发票代码和字符（№）区域，在白纸表面以及发票代码和字符（№）的摩擦区域均会产生红色擦痕。（如下图所示）

发票代码图案原色

原色摩擦可产生红色擦痕

（四）对发票违法行为说"不"

销售商品、提供服务以及从事其他经营活动的单位和个人，对外发生经营业务收取款项，收款方应当向付款方开具发票。开具发票应当符合《中华人民共和国发票管理办法》的相关规定，按照规定的时限、顺序、栏目，

全部联次一次性如实开具，并加盖发票专用章。发票应当向税务机关领购，任何单位和个人都应按照发票管理规定使用发票，不能用自制的收据等其他凭证代替发票使用，不能互相转借、转让发票，不应该使用假发票，也不可以虚开发票。否则，税务机关将会依法作出罚款等相应处罚，如果触犯刑法的规定，还可能被追究刑事责任。

（五）发票违法行为举报

商家销售商品、提供服务，消费者均可索取发票，商家不能以任何理由拒绝。如果消费者掌握到商家开具发票违规的情况，可以电话、网站、信函或上门等方式向当地税务机关进行举报，税务机关将为举报人保密，并依法给予奖励。

完税凭证的作用

发票是商家开具给消费者的，而完税凭证则是税务机关开具给纳税人的，那么，完税凭证有什么用呢？

（一）什么是完税凭证

完税凭证是税务机关征收税款、扣缴义务人代扣或代收税款时，依照税法规定给纳税人开具的书面凭证。完税凭证的种类主要有：各种税收缴款书、印花税票以及其他完税证明。完税凭证可以分两部分来看，一部分对单位，一部分对个人。对单位来说，需要缴纳的税款除了代扣代缴的个人所得税，还可能有营业税、城市维护建设税、企业所得税等。如果去银行缴款，会有《税收缴款书（银行经收专用）》；如果在税务机关通过POS机缴款，则有《税收缴款书（税务收现专用）》；还有一种，就是代扣代缴单位在代扣代缴个人所得税时开具的《税收缴款书（代扣代收专用）》。这几

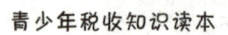

种完税凭证都是由直接收款的单位开出的专用凭证，企业平时可能会很通俗地把这些凭证称作"税单"。对于个人来说，接触得比较多的主要是《个人所得税完税证明》。个人所得税一般是由单位代扣代缴的，但是通过《个人所得税完税证明》，税务机关证明纳税人确实向国家缴纳了一定金额的税款，履行了其所承担的纳税义务。

（二）完税凭证的作用

完税凭证既是纳税人依法履行纳税义务的合法证明，也是税务机关进行税收会计和统计核算监督的原始凭证，还是国家金库收纳国家预算收入的凭证。税务机关在征收税款的过程中向纳税人依法开具完税凭证，对于正确贯彻执行国家的税收政策，保证国家财政收入及时足额入库，维护纳税人的合法权益，都有重要意义。

完税凭证最重要的作用是让纳税人做到心中有数。以《个人所得税完税证明》来说，拿到这个完税凭证，我们能感受到国家对纳税义务人和劳动者的一种尊重，这种尊重会让我们由衷地产生自豪感。当我们经过立交桥、走进图书馆、去医院看病等，都会联想到这里是国家使用税收收入建设而成的，这里的一砖一瓦凝聚了我们作为纳税人的一分力量。

另外，有了完税凭证，也有利于信息透明。有了完税凭证，个人缴多少税就明明白白了。以前纳税人的个人所得税由单位代缴，到底缴了多少，甚至缴了还是没缴，有些纳税人都不知道。有些不法单位就钻空子，代扣税的时候多扣一点，或者扣了却不及时缴。纳税人还蒙在鼓里，以为已经缴纳了税款、完成了应尽的义务呢。现在不用担心这个问题了，只要请税务机关开具完税凭证，就可以清清楚楚地知道自己的缴税情况啦。所以说，完税凭证就像监考老师一样，阻止了不法单位的"作弊"行为。

还有，现在市民办理购房和购车贷款、出国、误工索赔……百姓日常生活中已经越来越多地要用到个人完税凭证。由于《个人所得税完税证明》能够准确地提供纳税人缴纳的个人所得税情况，因此被视为重要的个人资信凭证。而且由于完税凭证是作为国家机关的税务部门出具或发放的，所以更有证明力哦！

（三）如何获取完税凭证

一般情况，纳税人缴纳税款后会收到由税款征收单位开具的完税凭证。如有纳税人通过横向联网电子缴税系统划

缴税款，或已从扣缴义务人处取得税法规定或国家税务总局认可的记载完税情况的其他凭证，需换开正式完税凭证、扣缴义务人未按规定为其开具完税凭证需补开完税凭证，或者纳税人需要税务机关对其特定期间的完税情况出具证明等特殊情况时，纳税人可以提供其取得的凭证原件、其他相关材料，连同税务登记证副本或纳税人身份证明材料，向所在地的主管税务机关申请开具《税收完税证明》。

在这里，特别给同学们介绍一下最常用到的《个人所得税完税证明》，有些地方的税务局会每年向纳税人寄送《个人所得税完税证明》，不寄送的地方只要持本人身份证，到工作所在地的主管地税局填写《开具个人所得税完税证明申请表》，主管地税局审验纳税人本人证件后，就会为其开具《个人所得税完税证明》作为完税凭证了。还有更简便的办法呢，有些地方可以在联网的自助办税终端上凭身份证和手机验证码直接打印，获取非常便捷。

国家积极推广以横向联网电子缴税系统为依托的数据电文税收票证的使用工作，一些地方已在探索使用电子税收票证。如广东地税目前正在试点可自行下载打印的电子税票。

第五讲 税收"少年"说

有些人可能会说，税收是大人的事，跟青少年没什么关系。那么，税收是不是只是大人的事呢？可不要这样以为哦，其实很多青少年对税收很有想法呢，让我们一起来听听大家都是怎么说的吧！

少年"解"税

苏同学（高中一年级学生）：作为一名高中生，我对税收的理解是怎样的呢？简单来讲，税收就是国家来收钱了，这也是最初我对税收的印象。在学完《思想政治必修——经济生活》之后，这种看法便有所改观，原来税与国家财政和每个公民都是密不可分的，税收也不仅仅是国家强制来收钱这么简单，它涉及的范围之广、种类之多大大超出了我的想象。我觉得了解国家的税收是很有必要的，这不仅仅能拓展自身的知识面，同时也是一个公民对国家关心的体现。

林同学（五年级学生）：税收与我们每个人息息相关，离开税收，社会就失去了保障。大家仔细想一想，

如果你不缴税，我也不缴税，那么国家就会失去经济上的保障。税收是国家财政收入的主要来源，税收取之于民、用之于民。有了税收，一座座大桥才能横跨江面，一幢幢教学大楼才能拔地而起，一颗颗人造卫星才能飞向太空……纳税是每个公民的义务，诚信纳税是光荣的！偷税漏税是可耻的！我们要提高依法纳税的意识，做小小税法宣传员，为建设小康社会做出贡献。

汪同学（四年级学生）：税收离我们一点都不远，它就在我们身边。我们美丽的校园、漂亮的教学楼、干净整洁的教室，都是政府用老百姓缴的税建造的。我们现在上学不用交学费，能免费领到课本，也是政府用纳税人的钱为我们买的。还有，那些平坦的马路、坚固的立交桥、宽敞明亮的图书馆、游人如织的公园、藏品丰富的博物馆等，这些公共设施、公共场所都是政府用老百姓缴的税款建造，并免费提供给老百姓使用的。能缴税给国家，为国家建设贡献爱心和力量，哪怕这份力量很微小，也是非常光荣的。

黄同学（八年级学生）：作为公民，应该从我做起，自觉增强税收意识，按时足额缴纳税款。同时，政府也应该多宣传，帮助公民树立依法纳税的意识。而且，政府需要向公民公开税款用在何处、有什么效果，让人们心中有数，更乐意纳税来为国家的发展做贡献。由于人们的生活水平在不断地变化，政府还应该定时调查人们的收入和支出情况，及时调整税率，更加科学、合理地征税。

税 入 生 活

苏同学（高中一年级学生）：除了在课本中有了解，在日常生活中，和税收有关的宣传广告也时常映入眼帘。我曾经在CCTV-10频道看过一期税收知识普及宣传的节目，印象十分深刻。节目里面较为详细地介绍了大学生创业优惠和残疾人税收优惠政策。我觉得这类政策为这些社会中竞争力不强、经济基础薄弱的群体提供了很大的帮助。就拿大学生来说吧，很多时候大学毕业生不希望一辈子做"打工仔"，而想尝试自己创业，但是大学生多数是难以筹集足够的资金的，这时候，对于大学生创业，税收的优惠政策自然而然地起到了"救命"的作用。不过，我还希望能最大幅度地简化相关的申请程序，不要让申请人东奔西走去找材料、办证，耗上好长一段时间才能申请成功，不然的话，再好的政策也难以激起大学生创业的热情，到头来还是竹篮打水一场空。

汪同学（四年级学生）：前不久，我们学校举行了"税法进校园 我是宣传员"主题班会。我和同学们一起参与了税收宣传活动，觉得非常有意义。给我们讲课的是位亲切友好的年轻女税官。她首先给我们解释了"税"字的含义，税是指交给政府、国家的钱。古代的人是交农作物的，所以"税"字的偏旁是"禾"字。她告诉我们，国家的发展建设、重振灾区、帮助有困难的人都需要钱，这些钱就是老百姓缴的税。她还播放了两段动画片给我们看，让我们知道了人的一生不可避免的两件事就是死亡和纳税，让我们初步了解了我国税制的发展历史，原来我国早在四千年前的夏朝就有税收了。她还教育我们，从小要树立依法纳税的意识，做个税法小宣传员，向身边的人宣传税收知识。

朱同学（高中二年级学生）：上学后，在数学习题里有时会出现一些计税的题目，其他的一些科目也会简单地讲一下税收问题。此外，我家有订阅报纸的习惯，每次出现与税务相关的新闻时我都会格外留意，慢慢地我知道了，原来我们每天都在隐形地纳税。不过，虽然书本里说税收是取之于民、用之于民，但我却没有直接的体会，总觉得自己不是直接受益人。直到我上了高中，收到学校缴纳学费的通知书时，我才意识到我已经享受了九年的义务教育。再想到我每天坐公交车用的学生卡和爷爷、奶奶使用的老人免费卡也是财政补贴带来的优惠，还有现在政府建的安居房，实现了不少低收入人群的安居梦……这些都正是税收给予我们最实在的受益啊！

税与少年

汪同学（四年级学生）：虽然我们现在还小，没有收入，还不能给国家缴税，但我们可以做个税法小宣传员，提醒身边的人要依法纳税。比如，和爸爸妈妈到餐馆吃饭，提醒爸爸妈妈索取发票；提醒人们不要买街边的假发票；提醒做生意的亲戚按时缴税等。只要我们人人都有依法纳税的意识，我们的国家将变得更加美好，老百姓的生活更加幸福。

简同学（九年级学生）：没有税收就没有我们今天如此幸福的生活。正是税收让神舟飞船成功重返地球，是税收让2008年奥运会在中国北京举行。这是让我们感到幸福的、引以为豪的事情！同学们，让我们向身边的人呼吁：依法纳税光荣，逃税漏税可耻！让所有中国人民"依法诚信纳税，共建和谐社会"。从今天起，我要做个税收宣传员，向我身边的人宣传税收知识，使每个人都能诚信纳税，为祖国建设出一分力！

苏同学（高中一年级学生）：随着年龄的增长，我越来越意识到公民就是国家的主人，国家强大，公民才能更幸福。国家、国家权力是大家的，所以大家有义务、有责任为

国家出一分力、尽一分责。我们青少年作为公民，早已经享受到国家和税收给我们带来的福利，而我们的国家将来能不能更美好，主要是靠我们的努力奋斗！我想，我们青少年将来走上社会，一定要做一个诚信的纳税人，履行一个公民应尽的义务。"众人拾柴火焰高"，国家税收丰盈，才有财力发展国防、科技，才能提供更好的公共服务，让每一个公民都享受到应有的福利！

结语：就像同学们说的那样，作为公民，应该从我做起，自觉增强税收意识，按时足额缴纳税款。有些人不缴或少缴税款，这种行为是错误的。这些人既会受到舆论的谴责，也会受到法律的制裁。天下没有无权利的义务，也没有无义务的权利。公民在行使权利的同时，也不要忘记履行义务。依法纳税是每个公民的基本义务之一。作为国家的小公民，青少年是国家的未来，更要明白这些道理。"少年智则国智，少年富则国富，少年强则国强。"作为国家未来的接班人，我们青少年从小要树立起依法纳税的意识，了解税法、学习税法、宣传税法；长大后成为诚信的纳税人，为国家建设添砖加瓦、贡献力量。

"广州地税杯"2015年大学生税收演讲比赛

附录　税收趣闻——形形色色的税

"皇粮国税",自古有之。在税收的发展过程中,有许多很有意思的税种。这里,我们整理了古今中外一些有趣的税收知识,希望这些形形色色的税能加深大家对税收的认识,引起大家对税收的兴趣与思考,也能让大家会心一笑。

税 收 之 最

● 中国历史上最早的田税

中国历史上最早的田税是春秋时期鲁国实行的"初税亩"。据《春秋》记载,鲁宣公十五年(公元前594年),

列国中的鲁国首先实行初税亩,这是征收田税的最早记载。这种税收以征收实物为主。实行"初税亩"反映了土地制度的变化,是一种历史的进步。

●中国历史上最早征收的车船税

最早对私人拥有的车辆和舟船征税是在汉代初年。武帝元光六年(公元前129年),汉朝就颁布了征收车船税的规定,当时叫"算商车"。"算"为征税基本单位,一算为120钱,这时的征收对象还只局限于载货的商船和商车。元狩四年(公元前119年)开始,非商业性的车船也被列入征税范围。法令规定,非商业用车每辆征税一算,商业用车征税加倍;舟船五丈以上征税一算,"三老"(掌管教化的乡官)和"骑士"(由各郡训练的骑兵)免征"车船税"。同时规定,对隐瞒不报或呈报不实的人给予处罚,对告发的人进行奖励。元封元年(公元前110年),"车船税"停止征收。

●中国历史上最早的关税

中国历史上最早的关税起源于春秋时期,当时叫作"关市之征",就是国家规定货物通过边境的"关"和国内的"市",要进行检查和征收赋税。《周礼》记载:"关市之赋以待王之膳服。"当时周代中央征收赋税,"关市税"是其中的一种,税收直接归王室使用。

●中国历史上最早的税务机构

西周时期,产生了我国历史上最早的税务机构——地官。据《周礼》记载,周代的中央机构共设有天官、地官、春官、夏官、秋官、冬官六个部门,每个部门各设置六十名

官员。其中，地官是管理赋税的总机构，其最高长官称为大司徒，大司徒主要掌管税收法规，检查所属税务人员的工作，如发现官员徇私舞弊，按照情节轻重处以刑罚。大司徒还配备副职——小司徒，掌管全国土地田亩、人口户籍以及贡赋征收。

大司徒

● **具有四千年历史的古老税种**

遗产税是一个古老的税种，它起源于四千多年前的古埃及，是针对财产所有人去世后遗留下来的财产而征收的一种税，它明显带有"劫富济贫"的性质，可以抑制贫富分化和社会浪费。近代的遗产税则始于1598年的荷兰。迄今世界上已有一百多个国家和地区开征遗产税。

千奇百怪的税

●更名税

比利时法律规定，父母可以任意给子女改名，但必须缴纳200比利时法郎的更名税。

●乞丐税

法国巴黎的香榭丽舍大街名气很大，外地乞丐和流浪汉纷纷涌向这里。对此，当局颇感有煞风景，于是规定，只有缴纳15 000法郎税款的乞丐，才能获得在该大道上行乞的准许证。

●版面税

法国曾规定报纸必须按版面的多少缴纳税款，于是当时出现了仅有一个版面的大型报纸。

●开窗税

古希腊规定，凡是朝着大街和向外打开的窗户，户主均需缴纳开窗税。

●狗税

匈牙利人喜欢养狗，自18世纪以来，一直征收狗税。

● 钓鱼税

在荷兰，湖泊日趋减少，钓鱼者越来越多，为此政府制定垂钓管理法规，规定垂钓者应照章纳税，税额按区域等级而定。

● 奢侈税

在日本，人们在餐馆吃饭超过一定标准后必须缴奢侈税，以避免人们大吃大喝造成不必要的浪费。

● 呕吐税

在澳大利亚维多利亚省谢帕顿小镇，当地一些酒徒在夜间醉酒后，跑到街上呕吐并随地大小便，有时还破坏公物，造成恶劣影响，百姓对此很有意见。镇政府因此决定，在现有税收的基础上，对凌晨3～6时还在营业的酒吧、酒馆征收额外的呕吐税。政府用这笔收入来雇人清扫酒徒们呕吐留下的劣迹。

● 风景税

美国加利福尼亚州一小镇规定，凡是住在海岸，住宅面向海洋、可眺望沙滩和海水的居民，每年每户须缴纳66~184美元的风景税。

● 礼物税

在美国，恋人或情人之间互赠礼物，要依法纳税。礼物价值超过10 000美元的，应按18%的税率缴税；礼物价值超过30 000美元，其适用税率也就达到55%。所赠礼物范围包括飞机票、差旅费、服装等。所以，有些情人一旦翻脸吵架，甚至会向税务部门举报以报复对方。

● **老鼠税**

在印度尼西亚西部地区，由于鼠患成灾，地方政府下令当地居民必须缴纳"老鼠税"才能耕作、借贷、出国旅游、结婚和离婚。当地法律规定：每种一公顷稻田要交75只老鼠，即使结婚或离婚也要交50只老鼠才能获批准，老鼠死活不限。

● **新娘税**

在阿拉伯联合酋长国颁布了这么一条规定，如果娶外国女子，就必须向政府上缴一笔数量可观的"外国新娘税"。阿联酋政府为什么要出这项规定呢？原来在该国，男子结婚要送给女方家高达数万美元的彩礼，许多男子因无法支付如此厚重的彩礼，转而娶外国女子为妻，为了对这一行为进行控制，阿联酋政府才出此怪招。

● **卧室定税收**

在美国，由于各州税法不尽相同，常闹出一些笑话。例如，有一户人家的房子正处在两州交界线上，主人应该向谁纳税呢？这也难倒了联邦政府。经过反复权衡，联邦当局作出一项"英明"决策：卧室处于哪个州，就向该州缴税。在他们看来，住宅的其他部分都是次要的，只有卧室最为重要。

税收故事三则

牙税的故事

"牙税",似乎是个很陌生的税种。"牙"就是牙齿的牙,那么"牙税"是不是和牙齿有关的税收呢?当然不是,牙税其实是我们今天营业税的雏形,在我国唐代就已出现,距今已有一千四百多年的历史了。

在唐代,随着商品经济的初步发展,出现了一种专事说合买卖的中间人,称为牙侩、牙郎或牙人,用今天的话来说就是"经纪人""中介人"。他们经营的场所叫作"牙行",也就是今天的"交易所",对这种中介行为征的税,自然叫作"牙税"。到了清代,牙税已成为一个重要的大税种,牙税收入主要用于地方财政收入。当时,牙郎、牙人等古老的名称已消失,取而代之的是"牙纪"的称呼。

辛亥革命后，北洋政府和国民党政府继续征收牙税，但各省的税则很不一致，该税已混乱不堪。1941年，国民党政府将牙税并入营业税征收，牙税最终发展为一个较现代的税种，但由于当时地方政权割据，许多地方仍遵行旧制，直到1949年全国解放，牙税才彻底成为历史的遗迹。

那么，这种中介行业，为什么要称为"牙行"呢？据考证，中介行业本应称为"互"，就是互相的"互"。众人做买卖，叫作"互市"，但古时"互"和"牙"两字写法非常接近，久而久之，就误作"牙"了。

乐山大佛与"麻盐之税"

乐山大佛位于中国四川省乐山市，濒临岷江，高71米，是世界上最大的一座石刻弥勒座像。它始建于唐玄宗开元初年（713年），中间几经修凿，最后成像于唐德宗贞元十九年（803年），历时约90年，耗用了很多人力和财力。值得一提的是，唐玄宗开元年间曾下诏拨出税款修造大佛，并且指定"专税专用"。

最初倡议修大佛的，是一个叫海通的和尚，他为了修乐山大佛，向施主募捐，募化了许多钱财，号称"亿万金"。但大佛耗资巨大，"亿万金"也只建了第一阶段的工程。这时海通去世了，随后虽有人陆续捐款，但只是杯水车薪，主要的续修工程费用还是来自唐玄宗诏赐的"麻盐之税"。"麻盐之税"是什么呢？唐朝规定每丁（人）每年征缴税收"麻三斤"，麻税就是指这个。盐税就是朝廷对生产食盐的盐户征收的税。当然，不是用全国各地的"麻盐之税"来修佛，而是只用当时的嘉州即今天乐山一带的"麻盐之税"来修。圣旨下达后，这一政策历经玄宗、肃宗、代宗、德宗几代，延续时间有四五十年之久。

唐王朝究竟拨了多少税款来修建大佛，已无从考证，但从海通筹集"亿万金"才完成第一阶段工程的情况来看，唐朝用在大佛上的财力肯定是十分巨大的。历代皇帝用国家财力修建寺庙的不少，但指定"税款专用"的很少见，这可谓我国赋税史上的一件趣事。

由动物带出来的税收

同学们都知道，地球是人类和动植物的共同家园，动物是人类的好朋友，但大家未必能料到，在有的国家，缴税竟会和动物牵扯上关系。这里跟大家说说两个因动物而带出来的税收故事。

牛羊放屁要纳税：放屁是自然行为，但新西兰政府开征牧场动物的废气税，以抵消牛羊放屁对臭氧层的破坏。原来经科学家们研究，牛羊粪、尿的一些成分会损害臭氧层，加

速地球升温，政府为净化被动物"废气"污染的空气，帮助解决全球气候变暖问题，要征收每只羊约9新西兰分、每头牛约54~72新西兰分的税收，为此每户畜牧农家的税收负担每年约300新西兰元。此举每年可为新西兰政府筹集约840万新西兰元收入，税款将专项用于牲畜气体排放及减少温室气体排放的研究。

猴子要纳税：澳大利亚的税收制度以所得税为主，个人凡取得超过416澳元的所得，均要纳税。在澳大利亚的维多利亚州，一个名叫莎梅达的人训练了一只猴子替他干活，当地税务人员认为这只能开拖拉机送草料、会把饲料放入马槽、还会在拖拉机启动前检查引擎线路的猴子，已不是普通的动物，而是个熟练的劳动者，平均每月的劳动价值约900美元，所以必须负有缴纳所得税的义务。

后　记

　　税收是国家财政收入的主要来源，税收与公民、税收与法治建设息息相关。

　　党的十八届四中全会通过的《中共中央关于全面推进依法治国若干重大问题的决定》（以下简称《决定》），把"建设中国特色社会主义法治体系，建设社会主义法治国家"作为全面推进依法治国的总目标，《决定》明确指出"坚持依法治国首先要坚持依宪治国，坚持依法执政首先要坚持依宪执政"。宪法是我国法律体系中的根本法，遵守宪法、信仰宪法，行使宪法权利、履行宪法义务，是对公民素养的基本要求。我国宪法第五十六条规定："中华人民共和国公民有依照法律纳税的义务。"因此，每一个具有纳税义务的公民都应当依法纳税。当然，依法纳税离不开公民对税收知识的学习和纳税意识的培养，知法懂法是一项基础工程，要从学生开始。《决定》提出："把法治教育纳入国民教育体系，从青少年抓起，在中小学设立法治知识课程。"2014年，我们出版了《青少年税收知识读本》，该书面向青少年宣传税收法律知识，传递税收法治理念，在宣传和普及税收知识方面发挥了较大的作用，社会反响较好，也给了我们很大鼓舞。

　　近两年，新一轮税制改革不断推进，为了更全面、更及时、更准确地宣传税收法律知识，在对第一版进行全面修订后，广州市地方税务局、广州市依法治市领导小组办公室继续联合推出《青少年税收知识读本》（修订版），期望能为全面推进依法治市，建设法治广州、法治广东乃至法治中国贡献一份绵薄之力。

编　者